VARIATIONEN
KOCHBUCH
Fleisch & Geflügel

Variationenkochbuch
Fleisch & Geflügel

© 2010 Tandem Verlag GmbH
7Hill ist ein Imprint der Tandem Verlag GmbH

Konzept, Fotografie, Layout und Satz:
TLC Digitales Fotostudio GmbH & Co KG, Velen-Ramsdorf
Redaktionelle Bearbeitung: Bettina Snowdon, Sylvia Winnewisser
Lektorat: Annerose Sieck
Coverdesign: Simone Sticker
Gesamtherstellung: Tandem Verlag GmbH, Potsdam

ISBN 978-3-8331-5864-3

10 9 8 7 6 5 4 3 2 1

Printed in Slovakia

VARIATIONEN
KOCHBUCH

Fleisch & Geflügel

INHALT

EINLEITUNG

Dieses Buch enthält eine innovative Rezeptsammlung, die fantasievollen Köchinnen und Köchen viel Spielraum zum Ausprobieren lässt.

Sie finden neben klassischen Gerichten eine Vielzahl von ausgefallenen Variationen.

Blättern Sie in Ruhe die nächsten Seiten durch, lesen Sie die Empfehlungen und Tipps der Einleitung und dann suchen Sie sich Ihr Lieblingsfleischrezept aus.

Was Sie zum Kochen brauchen, und wie es geht, steht alles im Text. Die Fotos sollen Ihnen das Wasser im Mund zusammenlaufen lassen.

Und nun wünschen wir gutes Gelingen und guten Appetit!

ZU DIESEM BUCH

Warum dieses Buch?

Kennen Sie das? Kalbfleisch ist im Sonderangebot, beim Metzger gibt es saftige Lammkoteletts und der Bioladen bietet frische Hähnchenschnitzel an.

Sie stehen vor der Kühltheke und bei dem Gedanken an einen leckeren Sonntagsbraten, ein saftiges Kotelett oder auch knusprig gegrillte Fleischspieße für die nächste Gartenparty läuft Ihnen schon das Wasser im Mund zusammen. Die Entscheidung fällt schwer. Doch nach dem Kauf endlich zu Hause angekommen, fragen Sie sich, wie man denn die leckeren Fleischstücke am besten zubereitet. Lieber schmoren, dünsten, braten oder grillen?

Wie lange muss ein Steak braten, damit es medium ist und schön saftig bleibt? Und welche Saucen passen zu Schweinemedaillons?

Das eigene Rezeptrepertoire ist oft begrenzt – besonders, wenn mal etwas anderes auf den Tisch kommen soll als das, was man ohnehin häufig zubereitet. Jetzt ist ein gutes Kochbuch Gold wert! Die meisten Kochbücher bieten pro Gericht maximal ein bis zwei Zubereitungsarten an und pro Beilage, Salat und Sauce jeweils gerade mal eine - zu wenig, um Neues auszuprobieren.

Vorteile

Bei dem vorliegenden Kochbuch ist das anders. Es setzt genau dort an, wo andere Kochbücher aufhören – nämlich bei den Variationen.

Das heißt, Sie finden darin nicht nur ein Rezept für die Zubereitung zum Beispiel von Koteletts, sondern mindestens vier Variationen dazu. Zusätzlich finden Sie eine reiche Auswahl an Beilagen wie Kartoffel-, Nudel-, Reis- und Gemüsezubereitungen, die Sie ganz nach Lust und Geschmack ausprobieren können. Außerdem empfehlen wir für Saucenfans zu fast allen Gerichten neben den klassischen Saucen auch ausgefallene und nicht ganz alltägliche Saucen oder Dips.

Darüber hinaus finden Sie wertvolle Tipps und Infos zu einzelnen Zutaten.

So gesehen, ist das Buch eine Art Baukastensystem für innovative Köchinnen und Köche.

Handhabung

Und so sieht es aus: Dieses Fleischkochbuch ist in vier Kapitel aufgeteilt, die nach der Art der Zubereitung wie Kurzbraten oder Schmoren, aber auch nach bestimmten Fleischsorten, wie Geflügel oder Hackfleisch benannt sind.

Zu jedem Gericht gibt es eine – meist klassische – Grundzubereitungsart, die Sie vielleicht schon immer mal im Detail kennenlernen wollten. Dazu haben Sie mit den Schritt-für-Schritt-Kochanleitungen und Fotos hier die Gelegenheit. Außerdem finden Sie auf dieser Seite entweder Infos zu einer der Zutaten oder Beilagenrezepte.

Die darauffolgende Doppelseite zeigt nun zwischen vier und sechs Variationsmöglichkeiten für das Grundrezept auf, jeweils ebenfalls mit einem aussagekräftigen Foto. Als kleine Zugabe stellen wir Ihnen dazu entweder weitere Beilagen, wie Kartoffeln, Reis, Nudeln, Polenta, Gemüse, Salate vor – oder leckere Saucen, die Sie individuell einsetzen, aber auch nach eigener Vorstellung variieren können. Die Rezepte sind in allen Geschmacksrichtungen und aus allen Küchen der Welt zusammengestellt.

So ausgerüstet, können Sie nun Familie, Freunde und Bekannte mit einem Gericht überraschen, das man nicht alle Tage bekommt.

Wir wünschen gutes Gelingen und viel Kocherfolg!

Tipps und Tricks

Zum Nachkochen unserer Rezepte brauchen Sie keine spezielle Vorbildung, sondern nur Spaß am Kochen und eine normal ausgestattete Küche.

Dank der verständlichen Beschreibungen und Schritt-für-Schritt-Kochanleitungen können unsere Rezepte auch von Kochanfängern problemlos zubereitet werden. Und Kochprofis finden in den Variationen sicher jede Menge neuer Anregungen für ihre eigene Kochpraxis.

Wo es etwas zu beachten gibt, sei es beim Zubereiten des Fleisches oder Vorbereiten des Gemüses weisen wir Sie ausdrücklich darauf hin, sodass eigentlich nichts schiefgehen kann.

Variationen

Dieses Buch möchte Ihnen zu jeder Zubereitungsart der verschiedenen Fleischsorten die besten Variationen vorstellen, damit Sie aus einer möglichst großen Bandbreite wählen können. Daher werden bei den einzelnen Themen verschiedene Wege eingeschlagen:

Weil ein Steak am besten pur schmeckt, bekommen Sie bei den Variationen beispielsweise nur verschiedene Garnituren vorgestellt, die das gebratene Steak ergänzen, aber nicht grundsätzlich verändern.

Anders ist das zum Beispiel bei den Schweinemedaillons, denn hier sind viele köstliche Zubereitungen möglich. Deshalb finden Sie dort sowohl marinierte oder gratinierte Medaillons als auch Zubereitungen mit Saucen. Sie werden das Prinzip schnell erkennen!

Bestimmte Variationen sind nach unserem Verständnis auch nur mit bestimmten Beilagen, Saucen und Dips zu kombinieren. Darauf wird dann gezielt hingewiesen. Es steht Ihnen jedoch frei, auch hier neue Geschmackserlebnisse auszuprobieren.

Fleischqualität

Noch ein Hinweis auf die Qualität von Fleisch: Nur aus einem qualitativ guten Stück Fleisch kann auch ein gut schmeckendes Gericht werden. Daher sollten Sie beim Kauf von Geflügel-, Rind-, Kalb- und Lammfleisch darauf achten, von welchem Erzeuger es stammt.

Fragen nach Haltung, Fütterung und dem Transport der Tiere sind dafür eine gute Handhabe. Tiere aus Massentierhaltung sind in ihrem Leben sehr viel Stress ausgesetzt und werden oft mit Medikamenten wie Antibiotika vor Krankheiten geschützt, die in den engen Ställen schnell ausbrechen können. Die Rückstände von Mastfutter und Medikamenten finden sich im Fleisch und werden auch von uns aufgenommen.

INFO BIOFLEISCH

Wenn Sie sich für Fleisch von Tieren aus Bio-Haltung entscheiden, können Sie davon ausgehen, dass diese Tiere nicht nur artgerecht aufgezogen und gehalten werden, also auf der Weide stehen und Gras fressen dürfen, sondern auch biologisch angebautes Futter bekommen und Medikamente nur in Notfällen, nicht als Prophylaxe. Der Vorteil zeigt sich auch in Geschmack und Konsistenz. **Biofleisch** wird beim Braten weniger Flüssigkeit verlieren und schmeckt einfach besser. Das ist den etwas höheren Preis auf jeden Fall wert.

Rind

Als Rindfleisch wird im Handel das Fleisch von Jungbullen, Jungrindern, Ochsen, Färsen und Kühen bezeichnet. Jungbullen bzw. –rinder sind unkastrierte männliche Tiere. Sie werden im Alter zwischen 16 und 22 Monaten geschlachtet.

Ochsen sind die kastrierten Rinder, die im Alter von 20–30 Monaten geschlachtet werden, ebenso wie die Färsen, die jungen weiblichen Tiere. Kühe sind die etwa 5 Jahre alten weiblichen Tiere, deren Fleisch aber nicht so beliebt ist.

Das Fleisch der Jungtiere Ochse und Färse ist marmoriert, feinfaserig und zart. Jungbullen haben ein sehr mageres Fleisch, jedoch weniger feinfaseriges.

Geschmacklich ist das Fleisch der Jungtiere sehr aromatisch.

Praktisch alle Teile des Rindes werden für die Fleischverarbeitung verwendet, wobei die zartesten Teile Filet, Lende und Oberschale sind.

Rindfleisch muss gut abgehangen sein und kann je nach Fleischstück geschmort, (kurz)gebraten, gegrillt, gekocht und gedünstet werden.

Gut verpackt hält sich Rindfleisch im Kühlschrank 3 bis 4 Tage (Braten und gegartes Fleisch), 2 bis 3 Tage (Steaks) frisch. Es kann eingefroren werden.

Kalb

Kalbfleisch ist das Fleisch von jungen männlichen Rindern (Kälbern), die in einem Alter von 4 Monaten und mit einem Gewicht von etwa 150 kg geschlachtet werden. Milchkälber werden 8 Wochen ausschließlich mit Milch ernährt.

Das Fleisch von Kälbern ist sehr fettarm und besonders zart, außerdem hat es eine feinere Struktur als Rindfleisch.

Der Geschmack ist weniger ausgeprägt als der des Fleisches älterer Tiere.

Auch vom Kalb werden alle Teile zur Fleischverarbeitung verwendet, wobei auch hier Filet (aus dem Rücken), Oberschale und Nuss (aus der Keule) die feinsten Stücke sind. Diese Stücke sind besonders zum Kurzbraten geeignet. Aus der Nuss werden Kalbsschnitzel geschnitten.

Außerdem ist die Kalbsbrust besonders saftig und gut zum Füllen, Braten und Schmoren geeignet. Das gilt auch für die Kalbsschulter. Vorder- und Hinterhaxe können - ganz oder in Scheiben - geschmort und gekocht werden.

Kalbfleisch bleibt im Kühlschrank 2 bis 3 Tage haltbar, gegart 2 Tage länger. Es kann eingefroren werden.

Schwein

Schweinefleisch stammt in der Regel vom Hausschwein und ist in der Küche sehr beliebt. Die Tiere werden in einem Alter von 6 bis 7 Monaten und einem Gewicht von etwa 120 kg geschlachtet. Spanferkel sind 6 Wochen alt und bis zu 15 kg schwer.

Schweinefleisch ist eher fettdurchwachsen und schmeckt aromatisch.

Alle Teile des Schweines finden in der Küche Verwendung – bis hin zum Schweinenetz, das aus der Darmhaut gewonnen wird.

Das Schwein liefert Filet, Stiel- und Lendenkoteletts aus dem Rücken. Steaks stammen aus Rücken (Kamm), Schulter und Hüfte. Braten und Schnitzel kommen aus der Ober- und Unterschale (Keule). Der Schweinenacken liefert leicht marmoriertes (Fett) Fleisch, das aber auch saftig ist. Krustenbraten stammt aus der Schulter.

Schweinefleisch kann (kurz)gebraten, geschmort, gegrillt und gekocht werden.

Wichtig ist, das Fleisch gut durchzugaren.

Schweinefleisch bitte nur gut verschlossen im Kühlschrank aufbewahren. Es kann eingefroren werden.

Lamm

Lammfleisch ist das Fleisch junger Schafe, die ein Alter von etwa 9 Monaten haben. Milchlämmer sind 3 bis 4 Monate alt. Das Fleisch etwa 2 Jahre alter Tiere – egal ob weiblich oder männlich (kastriert) – wird als Hammelfleisch bezeichnet, das älterer Tiere als Schaffleisch.

Das Fleisch der jungen Tiere ist zart und aromatisch. Mit zunehmendem Alter wird es zäher, fetter und strenger im Geschmack. Auch Fütterung und Haltung haben Einfluss auf den Geschmack des Fleisches.

Sehr beliebt ist in der Küche die Lammkeule, sie ist der größte und fettärmste Teil. Aus dem Rücken stammen Filet und Koteletts. Außerdem wird Fleisch aus Kamm, Bug (Schulter) und Hals verwendet, das aber weniger zart und daher eher für Gulasch geeignet ist.

Lamm- und Hammelfleisch kann (kurz)gebraten, geschmort, gegrillt und gekocht werden. Es ist gut zum Marinieren geeignet und sollte immer heiß gegessen werden, da das Fett schnell erhärtet.

Frisches Lammfleisch ist verpackt 3 Tage im Kühlschrank haltbar. Es kann eingefroren werden.

Geflügel

Unter Geflügel versteht man in der Regel Hausgeflügel wie Huhn (Hähnchen, Poularde, Kapaun), Ente, Gans, Pute, Taube, Wachtel und Perlhuhn, wobei das Huhn die weit aus beliebteste Geflügelart ist.

Geflügelfleisch ist – je nach Alter und Haltung des Tieres - besonders zart und schmeckt sehr aromatisch. Das Fleisch von Huhn, Pute, Taube, Perlhuhn und Wachtel ist fettarmer als das von Ente oder Gans. Brustfleisch ist heller und fettarmer als Schenkelfleisch, aber auch trockener.

Geflügel wird ganz oder in Teilen als Brustfilet, Keulen oder Flügel angeboten. Aber auch Geflügelinnereien sind sehr beliebt.

Geflügelfleisch kann gebraten, geschmort, gegrillt und gekocht werden. Dabei muss es stets gut durchgegart sein, es darf nicht roh verzehrt werden. Ganze Tiere können wunderbar gefüllt werden. Klein geschnittenes Geflügelfleisch wird zu Frikassee verarbeitet.

Rohes Geflügelfleisch ist sehr empfindlich und sollte im Kühlschrank höchstens 1 Tag aufbewahrt werden. Es kann eingefroren werden.

Hackfleisch

Hackfleisch wird aus Fleisch von Rind, Kalb, Schwein und Lamm hergestellt. Hackfleisch aus Geflügel ist kaum im Handel erhältlich.

Für die Herstellung wird das Fleisch aus Schulter oder Brust durch den Fleischwolf gedreht. Da dadurch die Zellstruktur zerstört wird, ist Hackfleisch besonders anfällig für Salmonellen. Daher sollte es noch am selben Tag zubereitet werden. Noch besser ist es, wenn man Hackfleisch zu Hause kurz vor der Zubereitung erst durch den Wolf dreht.

Geflügelfleisch sollte zu Hause zerkleinert werden, entweder mit dem Messer sehr fein gehackt oder durch den Fleischwolf gedreht – und auf jeden Fall sofort zubereitet werden.

Gemischtes Hackfleisch besteht meist zu gleichen Teilen aus Schweine- und Rinderhackfleisch. Da Rinderhack beim Braten sehr trocken wird, liefert das Schweinehack die fetthaltige Ergänzung.

Hackfleisch ist vielseitig verwendbar. Es kann für Füllungen, Hackbraten, Frikadellen, Hamburger und Fleischsaucen verwendet werden. In vielen Auflaufgerichten wie Lasagne oder Moussaka ist Hackfleisch im Spiel.

Hackfleisch immer gut duchgaren und nie länger als 1 Tag im Kühlschrank aufbewahren. Eingefroren ist es etwa 3 - 4 Monate haltbar.

GARMETHODEN

Kurzbraten

Beim Kurzbraten wird Fleisch in der Pfanne in relativ kurzer Zeit – abhängig vom gewünschten Gargrad - zubereitet.

Geeignet sind dafür vor allem Fleischscheiben wie Steak (Rind, Schwein), Schnitzel (Schwein, Geflügel), Kotelett (Schwein, Lamm) oder Filet (Schwein, Rind, Lamm) und Roastbeef (Rind). Auch Fleischstreifen (Geschnetzeltes) und Fleischklopse wie Frikadellen können in der Pfanne gebraten werden, bei ihnen ist es allerdings wichtig, wie bei Geflügel, sie gut durchzugaren.

Zum Kurzbraten sind vor allem Öle geeignet, die hoch erhitzt werden können, wie zum Beispiel Sonnenblumenöl. Auch Butterschmalz ist geeignet. Mittlerweile gibt es ausgewiesenes Bratöl im Handel.

So geht's: Zuerst Öl oder Schmalz in einer Pfanne sehr heiß werden lassen (etwa 180 °C). Dann das gut trocken getupfte Fleischstück hineingeben und bei hoher Temperatur von beiden Seiten gut anbraten, sodass die äußere Kruste schön braun ist. Dann die Temperatur herunterschalten und das Fleisch je nach gewünschtem Gargrad fertig garen.

Braten im Backofen

Beim Braten im Backofen wird das Fleisch mit wenig Fett im Backofen gegart. Diese Methode ist besonders für größere Braten (siehe Schmoren) und Geflügel geeignet.

Dazu können die Fleischstücke in einem Bräter liegen oder auf dem Bratrost, unter den die Fettpfanne zum Auffangen von Bratflüssigkeit gestellt wird. Daraus kann später eine Sauce zubereitet werden.

Eine andere Methode ist das Braten bei niedriger Temperatur (low temperature cooking). Hierbei wird das Fleisch bei etwa 50 °C bis 60 °C je nach Größe 5 bis 8 Stunden gegart. Danach ist es besonders zart und saftig.

So geht's: Das gut trocken getupfte und gewürzte Fleisch in einen Bräter oder auf den Bratrost legen. Die Fettpfanne darunterstellen. Das Fleisch mit Öl einstreichen und bei 180 °C bis 200 °C im Ofen anbraten, dann bei 140 °C bis 160 °C weiterbraten, bis der gewünschte Garzustand erreicht ist. Während des Bratvorgangs wird das Fleischstück mit Fett und austretender Flüssigkeit eingepinselt, damit es nicht trocken wird.

Schmoren

Beim Schmoren werden größere Stücke von Schwein, Kalb, Rind und Lamm zuerst in heißem Fett scharf angebraten und dann bei niedrigerer Temperatur und geschlossenem Deckel in Flüssigkeit fertig gegart.

Zum Schmoren geeignet sind vor allem Ober- und Unterschale (Schwein), Hüfte, Nuss (Kalb, Lamm), Schwanzrolle (Rind).

Auch zum Schmoren sollten Öle verwendet werden, die hoch erhitzbar sind, oder Butterschmalz

So geht's: Zuerst Öl oder Schmalz in einem Bräter erhitzen (180 °C). Dann das gut trocken getupfte Fleischstück hineingeben und von allen Seiten kräftig anbraten, bis sich eine braune Kruste gebildet hat.

Dann je nach Rezept Flüssigkeit angießen und eventuell Würzgemüse zugeben, den Bräter mit einem Deckel verschließen und den Braten in der notwendigen Zeit (abhängig von Dicke und Beschaffenheit des Fleisches) fertig garen.

Dünsten

Beim Dünsten werden die Fleischstücke ohne Fett in wenig Flüssigkeit wie Brühe, Wasser oder Wein und quasi im eigenen Saft gegart. Dies ist die schonendste und gesündeste Zubereitungsart. Dünsten ist Schmoren, ohne das Fleisch vorher anzubraten.

Farbe, Struktur und Eigengeschmack bleiben bei dieser Garmethode am besten erhalten.

Zum Dünsten geeignet ist helles Fleisch wie Kalb oder Geflügel.

Dünsten kann man im Backofen und auf dem Herd.

So geht's: Fleisch mit Gewürzen und wenig Flüssigkeit in einen Topf geben, aufkochen und bei geschlossenem Deckel und etwa 100 °C je nach Fleischart garen.

Überbacken

Beim Überbacken geht es darum, bereits fertige Gerichte wie Schnitzel oder Medaillons mit einer knusprigen Kruste, zum Beispiel

aus Käse oder einer Mischung aus Butter, verschiedenen Gewürzen oder Nüssen zu versehen. Überbacken kann man im Backofen oder unter dem Grill.

So geht's: Gewünschte Masse (Käse, Kräuter-, Nuss-, Gewürz-Bröselmischung) auf dem jeweiligen Fleischstück verteilen und überbacken, bis der Käse geschmolzen ist und die Kruste goldbraun.

**INFO
ABKÜRZUNGEN**

EL   Esslöffel
TL   Teelöffel
g   Gramm
kg   Kilogramm
l   Liter
ml   Milliliter

Grillen

Beim Grillen wird das Gemüse auf dem Grill, auf Folie oder in einer Grillschale zubereitet, dazu stehen im Sommer der Gartengrill und ansonsten der Backofengrill zur Verfügung.

Wer das nicht will, kann das Fleisch in einer Grillpfanne auf dem Herd zubereiten. Sie benötigt kein Fett und gibt dem Fleisch die typischen „Grillstreifen". Der Geschmack ist allerdings nur annähernd mit richtig Gegrilltem zu vergleichen.

Zum Grillen eignen sich vor allem Steaks (Rind, Schwein, Lamm), Koteletts (Schwein, Lamm) und Geflügelteile, wie Schenkel oder Keulen. Je fettarmer das Fleisch ist, desto besser muss es mariniert werden.

So geht's: Das Fleisch vor dem Grillen gut mit einer Marinade oder Öl bestreichen, damit es nicht austrocknet. Fettränder werden eingeschnitten, damit sie sich beim Erhitzen nicht wölben.

Nun auf den Grill oder unter den Backofengrill legen und die im Rezept angegebene Zeit grillen. Währenddessen mehrmals mit Marinade oder Öl bepinseln und aufpassen, dass nichts anbrennt.

Saucen und Dips

Zu vielen Gerichten und Variationen dieses Fleischbuches geben wir Ihnen Empfehlungen für Saucen und Dips. Da wir uns hier nur auf die Angabe der Zutaten ohne Mengen beschränken, brauchen Sie dafür ein bisschen Kocherfahrung. Hier einige Tipps, wie Sie eine Sauce perfekt zubereiten.

Die Herstellung von Saucen kann auf verschieden Weise erfolgen:

Beim Braten wird der austretende Fleischsaft aufgefangen und mit Wasser, Brühe oder Wein zu einer Sauce gemischt.

Bei marinierten Fleischstücken wird während des Garens Marinade zugegossen. Auch daraus kann eine Sauce bereitet werden.

Die Bratensauce kann mit Sahne, saurer Sahne, Joghurt, Crème fraîche, Crème double oder Schmand verfeinert werden. Auch Tomatenmark kann untergerührt werden. Sie kann außerdem mit gehackten Kräutern und Gewürzen einen pikanten oder frischen Geschmack erhalten.

Bei gekochten oder gedünsteten Fleischstücken wird zusätzlich eine Sauce, zum Beispiel eine Meerrettich- oder Senfsauce zubereitet. Hier ist meist die Basis eine helle Mehlschwitze, bei der Mehl in flüssige Butter eingerührt, dann mit Brühe abgelöscht und schließlich mit dem eigentlich Geschmacksgeber, Senf, Meerrettich, Zitronensaft usw. verrührt wird.

Wählen Sie eine Zubereitungsart, bei der kein Fleischsaft austritt, wie zum Beispiel beim Grillen oder Kurzbraten, und Sie wollen dennoch eine Sauce dazureichen, empfiehlt sich hier die Zubereitung eines Dips. Natürlich können Sie - damit für jeden Geschmack etwas dabei ist - gleich mehrere Dips zubereiten. Alternativ können Sie für solche Fälle auf portionsweise eingefrorene Sauce zurückgreifen (oft bleiben Reste übrig, die viel zu schade zum Wegwerfen sind).

Saucen zu binden, ist ebenfalls auf mehrere Arten möglich.

Die klassische Art ist Speisestärke, meist aus Mais oder Kartoffelstärke oder Mehl, die in wenig Wasser angerührt dann in die Sauce gerührt wird und sie beim Aufkochen bindet.

Mit Mehlbutter werden Saucen so gebunden: Zu gleichen Teilen Mehl und kalte Butter miteinander verkneten und stückchenweise in die kochende Sauce rühren.

Werden in der Sauce Gemüsestücke, Kartoffeln oder Früchte mitgegart, werden diese nach dem Garen püriert und so die Sauce cremig gemacht.

Etwas länger dauert es, die Sauce einzukochen bzw. zu reduzieren, wie es der Fachmann nennt. Dabei erhält sie das beste Aroma, da der Geschmack der Zutaten beim Einkochen noch konzentrierter wird. Gerade Tomatensauce, die nach einigen Stunden Kochzeit eingekocht ist, schmeckt superlecker.

Reduzierte Bratensaucen können mit eiskalten Butterflöckchen sämig gemacht werden. Dazu die Butter mit dem Schneebesen in die Sauce rühren und diese sofort servieren – bevor sich Butter und Sauce wieder trennen.

Beim Legieren mit Eigelb wird Eigelb in etwas Milch, Sahne oder Bratensauce glatt gerührt und dann langsam in die heiße Sauce gerührt. Wichtig: Die Sauce darf dabei nicht kochen, sonst gerinnt das Eigelb.

Bei der Wahl der Zutaten zu einer Sauce sind Ihrer Fantasie keine Grenzen gesetzt. Auch ausgefallene Saucenzutaten, wie Fanta, Cola, Kaffee oder flüssige Schokolade haben ihren Reiz. In der richtigen Menge geben Sie der Sauce den letzten Kick.

Beilagen

Bei der Auswahl der Beilagen haben wir versucht, ausgewogen zu sein. Es sind sowohl Empfehlungen mit Kartoffelzubereitungen aller Art dabei – von Pommes über Knödel bis Gratins –, wie Reis in vielen Variationen, mal mit Gemüse, mal mit Kräutern und Gewürzen und mal mit Früchten und Nudeln, von Spirelli bis Bandnudeln. Aber auch mediterrane oder etwas exotischere Beilagen wie Polenta, Bulgur oder Couscous fehlen nicht.

Auch hier haben wir auf die Mengenangaben verzichtet – da die Beilagen von uns nur als Vorschläge an Sie verstanden werden. Ein Tipp jedoch: Gehen Sie bei Kartoffeln etwa von 800 – 1000 g aus,

bei Nudeln von 400 g und bei Reis, Maisgrieß, Bulgur und Couscous jeweils von etwa 250 g Menge – berechnet für 4 Personen. Ansonsten sollten Sie auch hier ausprobieren, ob Sie dem Reis, Couscous oder Bulgur lieber 1 oder 2 Zwiebeln, 2 oder 3 Paprikaschoten, 100 oder 150 g Champignons hinzufügen und die Polenta mit 75 g oder 100 g Parmesan verfeinern.

Wo keine dieser Sättigungsbeilagen unserer Meinung nach schmecken würde, finden Sie ein Brotrezept oder eine Zubereitung mit geröstetem Brot.

Weitere Beilagen sind natürlich Gemüse aller Art, frisch und als TK-Ware, geschmort, gedünstet, gekocht, überbacken, als Salat oder Rohkost, Pilze, frisch und getrocknet und Mischungen aus beidem bzw. aus Gemüse und Früchten. Auch hierbei dürfen Sie ganz Ihrem Geschmack nachgeben. Leckere Gemüserezepte finden Sie außerdem im Variationenkochbuch Gemüse aus dieser Reihe.

Kräuter und Gewürze

Kräuter und Gewürze sind das I-Tüpfelchen in jedem Gericht. Sie unterstreichen oder ergänzen den Geschmack von Gemüse, Fleisch, Fisch mit ihrem spezifischen Aroma und tun nebenbei Gutes für die Gesundheit. Denn viele regen die Verdauung an.

Die Devise ist: Je frischer, desto besser. Beliebte Küchenkräuter sind Petersilie, Schnittlauch, Dill, Fenchel, Kerbel, Estragon, Liebstöckel, Majoran, Thymian, Oregano, Salbei und Basilikum.

Sie sind als Zutat bei fast jedem Rezept dabei. Frische Kräuter werden fein gehackt, meist müssen vorher die Blättchen oder Nadeln von den harten Stängeln gezupft werden. Einzig Schnittlauchstängel können sofort geschnitten werden. Natürlich können Sie auch getrocknete Kräuter verwenden.

Gewürze gibt es fertig gemahlen zu kaufen. Darunter leidet nicht selten das Aroma. Wenn möglich, sollten Sie also Salz, Pfeffer, Muskat am besten selbst mit der Mühle bzw. Muskatreibe reiben.

Die Zubereitung

Um Ihnen noch mehr Rezepte vorstellen zu können, haben wir bei den Arbeitsschritten für die Zubereitung aus Platzgründen auf bestimmte Hinweise verzichtet, die hier aufgeführt sind und eigentlich immer gelten:

Zwiebeln und Knoblauch werden vor der Zubereitung geschält, wenn nicht anders angegeben;

Möhren werden geschält oder gut abgebürstet;

Avocado, Mango schälen, Kern entfernen; Ananas schälen;

Pilze putzen, Erdreste mit einer Bürste entfernen und Hüte feucht abreiben (Pilze nicht waschen, sie saugen sich mit Wasser voll);

Zitrusfrüchte mit unbehandelter Schale verwenden, am besten Bio-Früchte kaufen. Wenn Sie Gemüse mit Schale verwenden, stets vorher gut, am besten warm, abwaschen. Auch Salat wird immer gewaschen, am besten vor dem Zerkleinern, sonst gehen zu viele Nährstoffe verloren. Das Kochwasser von Gemüse kann weiterverwendet werden, wenn es Bio-Gemüse ist.

Tipps und Tricks

Fleisch wird schneller gar, wenn es vor der Zubereitung Raumtemperatur hat.

Wenn beim Braten zu viel Flüssigkeit aus dem Fleisch austritt, ist die Anfangstemperatur zu niedrig und das Fleisch trocknet aus.

Kurz gebratene Fleischstücke sollten erst nach dem Braten mit Salz und Pfeffer gewürzt werden.

Nach dem Braten sollte man Fleischstücke (ohne Panade) und Braten noch etwa 10 - 15 Minuten in Alufolie gewickelt im leicht erwärmten Backofen (50 °C) ruhen lassen.

Wer unsicher ist, ob der Braten den richtigen Garpunkt erreicht hat, kann dies am besten mit einem Fleischthermometer erkennen, das ins Fleisch gesteckt wird. Es zeigt die Innentemperatur des Fleisches an und damit den Garpunkt.

Küchengeräte

Wie bereits erwähnt, brauchen Sie für die Zubereitung keine großartige Küchenausstattung.

Sie sollten über einen handelsüblichen Herd verfügen, egal ob Gas, Elektro, mit Ceranfeld oder Induktionsverfahren.

Zum Backen und Überbacken ist ein Backofen erforderlich.

Unter dem Backofengrill kann gegrillt und überbacken werden. Zum „richtigen" Grillen ist natürlich ein Grill (Holzkohle, Gas, Elektro) am besten. Aber auch in einer Grillpfanne für den Herd bekommt Fleisch das typische Grillmuster.

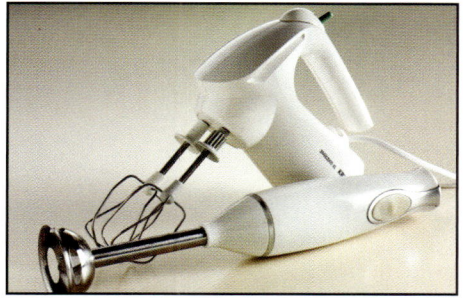

Weiterhin sind Küchenmaschine, Mixer, elektrischer Rühr- bzw. Pürierstab sehr hilfreich beim Verrühren und Zerkleinern.

Auch ein Fleischwolf, zum Beispiel zum Durchdrehen von Fleisch, Kartoffeln und Gemüse hat seine Vorteile, wenn man viel davon braucht.

Etwas ausgefallenere Küchengeräte werden der Vollständigkeit halber erwähnt – ob Sie sie in Ihrer Küche brauchen, entscheiden Sie!

Zum Überbacken und Gratinieren eignet sich ein spezieller Tischgrill.

Zum Reiskochen gibt es spezielle Reiskocher – die sind ganz praktisch, weil der Reis in ihnen perfekt gegart wird. Lohnt sich aber nur, wenn man viel Reis ist.

Dann gibt es noch Dampfgarer für besonders schonendes Garen ohne Fett, und die so genannten Crock Pots, die aus den USA kommen. Es sind elektrische Töpfe, in denen Speisen langsam gegart oder geschmort werden. Gut für Arbeitnehmer: Die Speisen kommen morgens in den Crock Pot und werden im Laufe des Tages bei geringer Temperatur gegart. Abends sind sie fertig.

Das ist nicht nur besonders stromsparend, sondern auch vitaminschonend.

Küchenutensilien

Zum Zubereiten von Speisen brauchen Sie Töpfe, mindestens 1 kleinen, 1 mittleren und 1 großen Topf, 1 Auflaufform.

Außerdem einen Schmortopf oder Bräter, in den ein Braten für 4 Personen passt bzw. eine Ente, Gans oder ein Huhn.

1–2 Pfannen sind gut, am besten sind Alu-, Eisen-Gusspfannen mit entsprechender kratzfester Beschichtung. 1 kleines Kupferpfännchen zum Butterzerlassen wäre gut.

Zum Durchsieben und Abgießen brauchen Sie Siebe in verschiedenen Größen, vielleicht eine „Flotte Lotte" zum Passieren von Saucen und Gemüse.

Scharfe Messer sind unverzichtbar, große für Fleisch und Gemüse, kleinere zum Schälen, z. B. von Kartoffeln. Außerdem Sparschäler für Gemüse und Früchte, Wiegemesser zum Zerkleinern von Zwiebeln, Knoblauch und Kräutern, Gemüsehobel für Kraut und Gurken, Küchenreibe für Gemüse und Käse – auch eine Muskatreibe ist wichtig. Um die Arbeitsplatte zu schonen, sollten Sie 1–2 Schneidebretter aus Holz oder Kunststoff besitzen (1 nur für Fleisch).

Weitere nützliche Küchenhelfer: Kartoffelpresse, Nudelholz, Schaumlöffel, Kochlöffel, Schneebesen, Messbecher; Schüsseln in verschiedenen Größen, aus Metall und Kunststoff und nicht zu vergessen: eine Küchenwaage.

KURZGEBRATENES

Kurzgebratene Fleischzubereitungen sind schmackhafte Delikatessen, die nicht viel Arbeit machen.

Probieren Sie ein klassisches Rumpsteak oder Schnitzel, würzige Lammkoteletts, leichte Hähnchenbrust oder Fleischspießchen vom Grill.

Die Bandbreite bei den unterschiedlichen Fleischsorten ist groß – die an Variationsmöglichkeiten ebenso!

Mit Vorschlägen für passende Beilagen und Saucen finden Sie in diesem Kapitel alles für viele komplette Mahlzeiten.

STEAK MEDIUM
mit Kräuterbutter und Zitrone

Zutaten für 4 Personen

1	Knoblauchzehe, durchgepresst
4 EL	fein gehackte gemischte Kräuter
etwas	Zitronensaft
	Pfeffer
	Salz
6 EL	Butter
4	Rump- oder Hüftsteaks, je ca. 3 cm dick, à ca. 200 g
4–6 EL	Öl zum Braten
4	Zitronenscheiben
einige	Petersilienblättchen

Schritt für Schritt

Knoblauch mit Kräutern, Zitronensaft, Pfeffer, Salz und 4 EL weicher Butter mischen und abschmecken.

Aus der Pfanne nehmen und in Alufolie gewickelt 2 Minuten ziehen lassen.

Steaks in 2–3 EL Öl beidseitig je ca. 1 Minute kräftig anbraten, Hitze reduzieren, nochmals jeweils 1 Minute beidseitig braten.

Anschließend wieder von jeder Seite 1/2 Minute braten.

1 EL Butter zufügen, Hitze weiter reduzieren. Butter über die Steaks gießen, 1 Minute beidseitig braten, salzen und pfeffern.

4 Zitronenscheiben auf die Steaks legen, darauf die Kräuterbutter setzen, mit Petersilienblättchen garnieren.

STEAK INFO

Im Kern noch rosa und mit einer köstlichen knusprig braunen Kruste: So mögen die meisten ihr **Steak** am allerliebsten. Halten Sie die Bratzeiten aber penibel ein, denn hier macht eine Minute schon einen großen Unterschied. Ob raw, rare, medium oder well-done ist Geschmackssache.

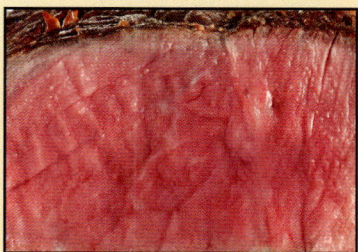

Raw (jede Seite 1 Minute) hat es eine dünne braune Kruste, ist innen aber noch völlig roh.

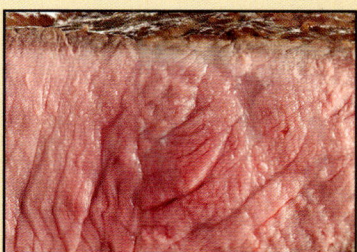

Rare (jede Seite 2 Minuten) bedeutet, dass es im Kern noch roh, das Fleisch um den Kern herum leicht rosa gefärbt ist.

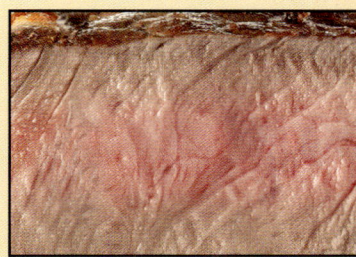

Medium (jede Seite 3 Minuten) heißt, dass das Steak innen noch rosa ist und außen eine braune Kruste hat.

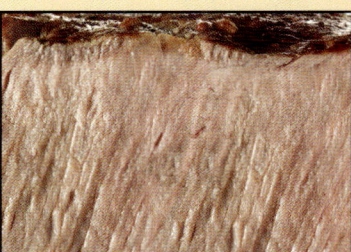

Well done (jede Seite 4–5 Minuten) bezeichnet man ein durchgebratenes Steak.

Die Bratzeiten sind Richtwerte für ein 3 cm dickes Steak.

STEAKS

in mehreren Variationen

Grundlage für diese Variationen ist immer ein Rump- oder Hüftsteak, wie es auf der vorhergehenden Seite zubereitet wird (ohne die Kräuterbutter). Mit den folgenden Rezeptideen können Sie Ihr Steak ganz individuell und mit wenig Aufwand verfeinern. Natürlich geht das auch mit allen anderen Garstufen - ganz nach Geschmack.

... mit Tomate, Petersilie und Chili

1 Tomate enthäuten, halbieren, entkernen und achteln. Von 1 Bund Petersilie Blätter abzupfen, zerkleinern und zusammen mit 1/4 fein geschnittener Chilischote in 2-3 EL Öl ca. 1 Min. dünsten und salzen. Tomatenstücke in 1 EL zerlassener Butter schwenken und zusammen mit der Petersilie auf den Steaks verteilen.

... mit Birne, Gorgonzola und Preiselbeeren

120-150 g Gorgonzola auf 4 geschälten Birnenhälften verteilen. Je einen Klecks Preiselbeeren in die Birnenhälften geben. Bei 200 °C im Ofen 4-5 Minuten überbacken. Anschließend auf die Steaks setzen.

... mit Speck, Mais und Brunnenkresse

1-2 EL Öl in einer Pfanne erhitzen. 4 Scheiben durchwachsenen Speck darin kross braten. Zusammen mit 1 Handvoll gehackter Brunnenkresse und je 1 EL gedünstetem Mais auf die Steaks geben.

... mit Paprika, Zwiebeln und Schnittlauch

1 EL Mehl mit 1 EL Paprikapulver vermischen. 4 Zwiebeln in Ringe schneiden und darin wenden. 3-4 El Öl erhitzen und die panierten Zwiebelringe darin kross braten. Mit Schnittlauchröllchen auf die Steaks geben.

... mit Mango und Granatapfel

1 Mango schälen, Kern entfernen und das Fruchtfleisch in Spalten schneiden. Zusammen mit den Kernen aus 1 Granatapfel in 1 EL Butter kurz dünsten. Dann mit einigen Minzeblättchen zum Garnieren auf die Steaks geben.

... mit Pfirsich, Roquefort und Armagnac

100 g Roquefort zerdrücken, mit 1 EL Butter, 4 EL Sahne, 2 EL Armagnac und etwas Pfeffer cremig rühren. 4 Pfirsichhälften (Dose) im Steak-Bratfett andünsten, mit Käsecreme füllen und überbacken, bis der Käse leicht fließt.

SAUCEN
z u   S t e a k s

Saucen vor allem zu Steak natur, nach Belieben zu den Variationen .

Pfeffersauce

Bratensaft mit etwas Butter, reichlich leicht zerdrückten grünen Pfefferkörnern und Crème fraîche aufkochen - der Klassiker zum gebratenen Steak!

Champignon-Rahmsauce

Blättrig geschnittene Champignons und gehackte Frühlingszwiebeln in Bratensaft, etwas Butter und Thymian weich dünsten. Mit Weißwein ablöschen, Brühe zugeben und Bratensaft loskochen. Mit 3 EL Sahne 2 Minuten sanft köcheln.

Marsala-Sauce

Marsala mit der Bratensauce etwas einkochen. Mit Zitronensaft, Salz und Pfeffer abschmecken. Mit eiskalten Butterflöckchen binden.

SCHNITZEL INFO

Ein **Wiener Schnitzel** darf nur „Wiener Schnitzel" heißen, wenn es aus Kalbfleisch besteht, denn der Name ist geschützt, während „Schnitzel Wiener Art" aus einem preisgünstigeren Schweineschnitzel zubereitet wird. Daneben zeichnet sich das Original dadurch aus, dass es sehr dünn geklopft wird - das perfekte Wiener Schnitzel ist maximal 4 Milli-

meter dick. Zitronenscheiben oder -viertel dürfen beim echten Wiener Schnitzel auf keinen Fall fehlen.

SARDELLEN INFO

Sardellen gehören zur Ordnung der Heringsartigen. Es sind kleine schlanke Fische, die höchstens 20 cm, meist aber nicht mehr als 16 cm lang werden. Das Fleisch der fettreichen Fische schmeckt bitter und wird deshalb meist

eingesalzen und als Kochzutat in Form von Anchovis angeboten. Durch das Einsalzen werden die Fische nicht nur konserviert, sondern gleichzeitig auch fermentiert, also sozusagen gegart. Mit der Lagerzeit, die oft mehr als zwei Jahre beträgt, verbessern sich Qualität und Geschmack. Gehandelt werden eingelegte Sardellen vor allem als Filets in grobem Meersalz bzw. Salz oder in Pflanzenöl. In Milch oder lauwarmem Wasser eingelegt, wird ihr Geschmack milder. Püriert und mit Öl und Gewürzen vermischt, werden sie als Sardellenpaste in Tuben angeboten.

Zutaten für 4 Personen

4	*Kalbsschnitzel (à etwa 180 g)*
2	*Eier*
	Salz
100 g	*Mehl*
150 g	*Semmelbrösel*
250 g	*Öl oder Butterschmalz*
1	*Zitrone, geviertelt*
4	*Sardellen*
	Petersilienblättchen

Schritt für Schritt

Schnitzel trocken tupfen, flach klopfen und leicht salzen.

Öl oder Butterschmalz in einer großen Pfanne erhitzen. Schnitzel locker schwimmend hineinlegen.

Eier in einem Teller verquirlen. Mehl und Semmelbrösel in zwei weitere Teller geben.

Von beiden Seiten jeweils 4 Minuten goldgelb braten. Die Pfanne häufig schwenken, damit die Schnitzel gleichmäßig braten.

Schnitzel nacheinander in Mehl, Eiern (gut abtropfen lassen) und Semmelbröseln wenden. Panade andrücken.

Schnitzel auf Küchenpapier abtropfen lassen. Mit Zitronenvierteln und Petersilienblättchen garnieren.

PANIERTE SCHNITZEL – WIENER SCHNITZEL

mit Zitrone, Sardellen und Petersilie

KURZGEBRATENES

BEILAGEN
zu Schnitzeln

Sie dürfen auf keiner Speisekarte traditioneller Restaurants fehlen: Mit den folgenden beiden Beilagen schmecken die Schnitzelklassiker am besten.

... mit Emmentaler, Knoblauch und Salbei

Für die Panade 50 g Semmelbrösel mit 100 g fein geriebenem Emmentaler oder anderem kräftigen Käse, 1 durchgepressten Knoblauchzehe und 1 EL zerbröseltem getrocknetem Salbei mischen. Schnitzel in Mehl, Ei und Brösel wenden. Panade gut festdrücken und Schnitzel von jeder Seite 4 Minuten braten.

Kartoffelsalat

800 g mittelgroße Kartoffeln in der Schale weich kochen, pellen und in Scheiben schneiden. 1 rote, in Streifen geschnittene Paprikaschote unterheben. Aus 3 EL Mayonnaise, 2 EL Zitronensaft, 1 gehackten Zwiebel, Salz, Pfeffer und Paprikapulver ein Dressing bereiten und unter den Salat mischen. Mit Petersilie und Schnittlauch bestreuen.

... mit Mehl, Ei und Koriander

Dieses Schnitzel wird wie ein Wiener Schnitzel zubereitet, aber nicht in Semmelbröseln paniert: 100 g Mehl und 1 TL Korianderpulver in einem Teller mischen, 2 Eier in einem zweiten Teller verquirlen. Schnitzel erst in Mehl und dann in den Eiern wenden. Vor dem Braten (4 Minuten pro Seite) gut abtropfen lassen.

Paprikagemüse

Grüne und gelbe Paprikaschoten in Streifen, 1 Zwiebel schälen und in Ringe schneiden. In 2 EL Butter in einer Pfanne 3 Minuten andünsten, Gemüse 3 Minuten mitschmoren. Mit 100 ml Weißwein ablöschen. Mit Salz, Pfeffer und Paprikapulver edelsüß abschmecken.

PANIERTE SCHNITZEL
in mehreren Variationen

Es muss nicht immer die traditionelle Panade mit Semmelbröseln wie beim Wiener Schnitzel sein. In der feinen Küche werden die Semmelbrösel durch frisch geriebenes, altbackenes Weißbrot ersetzt, aber es gibt noch viele weitere interessante Geschmacksrichtungen. Hier können Sie wählen, ob Sie die Schnitzel mit Kalbs- oder mit Schweinefleisch zubereiten wollen.

... mit Nüssen und Petersilie

Für die Panade 150 g gemahlene Haselnüsse, 1 TL Paprika edelsüß und 1 EL gehackte Petersilie mischen und in einen Teller geben. Schnitzel erst in Mehl wenden, dann im Ei und anschließend in der Nusspanade. Panade gut festdrücken, Schnitzel von beiden Seiten 4 Minuten braten.

... mit Cornflakes und Walnüssen

Mit dieser Panade bekommt das Schnitzel eine knusprige Kruste: 100 g ungesüßte Cornflakes und 20 g Walnüsse zerstoßen. Mehl mit 1 EL Majoran mischen, Schnitzel erst in Mehl wenden, dann im Ei und anschließend in den Cornflakes. Panade gut festdrücken, Schnitzel von jeder Seite 4 Minuten braten.

... mit Sesam, scharfem Paprika und Koriandergrün

Für die Panade 120 g Sesam mit 1 TL gemahlenem Kreuzkümmel und 1 TL Paprika edelsüß mischen und in einen Teller geben. Schnitzel erst in Mehl wenden, dann im Ei und anschließend in der Sesampanade. Panade gut festdrücken, Schnitzel (4 Minuten pro Seite) braten. Mit Korianderblättchen garnieren.

... mit Estragon, Thymian und Senf

Für die Panade 150 g Semmelbrösel mit 1 TL Estragon und 1 TL Thymian mischen. Das Ei mit 1 EL mittelscharfem Senf in einem Teller verquirlen. Schnitzel erst in Mehl, dann in der Ei-Senf-Mischung und anschließend in den Semmelbröseln wenden. Panade gut festdrücken, Schnitzel (4 Minuten pro Seite) braten.

GEFÜLLTE SCHNITZEL – CORDON BLEU
mit Schinken, Emmentaler und Petersilie

INFO

Die Grundlage von **Mayonnaise** ist eine Emulsion aus Eigelb und Öl, der beliebige Zutaten zugefügt werden können, zum Beispiel säurehaltige wie Essig oder Zitronensaft. Aber auch andere geschmackgebende Zutaten wie Gewürze, Senf, Ketchup, Sherry eignen sich für Mayonnaisen. Sie können mit Sahne oder - die leichtere Version - mit Joghurt verlängert werden. Probieren Sie es doch selbst einmal, Mayonnaise ist gar nicht so schwer selbst herzustellen, wie Sie glauben!

Zutaten für 4 Personen

4	*Kalbs- oder Schweineschnitzel (à ca. 180 g, vom Metzger jeweils eine Tasche hineinschneiden lassen)*
	Salz
	Pfeffer
1/2	*Bund Petersilie, fein gehackt*
2 dicke	*Scheiben gekochter Schinken (à 50 g), halbiert*
2 dicke	*Scheiben Emmentaler (à 50 g), halbiert*
2 EL	*Mehl*
1	*Ei*
80 g	*Semmelbrösel*
6 EL	*Öl oder Butterschmalz*
1	*unbehandelte Zitrone, geviertelt*
	Zahnstocher

Schritt für Schritt

Schnitzel trocken tupfen und innen und außen salzen und pfeffern.

Petersilie und je 1 halbierte Schinken- und Käsescheibe in die Taschen füllen. Die Öffnungen mit Zahnstochern verschließen.

Mehl in einen Teller geben, Semmelbrösel auf zweiten Teller geben. Ei in einer Schüssel verquirlen, salzen und pfeffern.

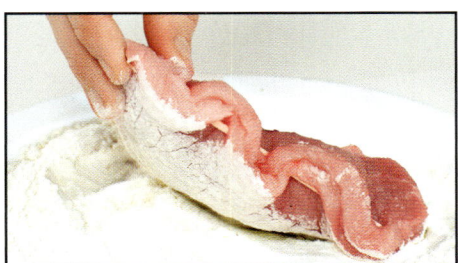

Schnitzel erst in Mehl, dann in Ei und anschließend in Semmelbröseln wenden. Panade gut andrücken.

Panierte Schnitzel in heißem Fett auf jeder Seite 4 Minuten bei mittlerer Hitze braten. Mit Zitronenvierteln servieren.

Beilage

Zu einem Cordon Bleu passt wunderbar ein **Kartoffelgratin**. Dazu werden 800 g Kartoffeln gewaschen, geschält und in dünne Scheiben gehobelt. Die Scheiben in eine gefettete Auflaufform schichten und jede Schicht mit Salz und Pfeffer würzen. 250 ml Milch und 250 g Sahne mischen, mit Salz, Pfeffer und Muskat abschmecken. Über die Kartoffeln gießen. Mit 100 g geriebenem Emmentaler bestreut im Backofen bei 175 °C etwa 40 Minuten backen.

Salat

Als kleiner Vitaminschub zum Schnitzel: **Möhrensalat mit Orangendressing**. Dafür schälen Sie 500 g Möhren und raspeln sie fein. 3 TL Orangensaft, 1 TL Zucker, etwas Salz und 3 EL Öl vermischen und unter die Möhren rühren, fertig!

KURZGEBRATENES

BEILAGEN
zu Schnitzel

Die drei Gemüsebeilagen sind einfach köstlich zum Schnitzel:

Gratinierter Blumenkohl

400 g bissfest gegarte Blumenkohlröschen mit einer Mischung aus 100 g Paniermehl und Parmesan bestreut bei 180 °C 15 Minuten backen. Passt zu allen Füllungen.

Möhrenscheiben in Butter

400 g bissfest gegarte Möhren in Scheiben in 3 EL heißer Butter in der Pfanne schwenken. Mit Salz würzen. Mit Thymian servieren. Passt zu Mangold-Pilz-Füllung.

Brokkoli mit Mandeln

400 g in Salzwasser bissfest gegarten Brokkoli mit Salz, Pfeffer und Muskat würzen. Mit in der Pfanne gerösteten Mandelblättchen mischen. Passt zu allen Füllungen.

GEFÜLLTE SCHNITZEL
in mehrerer

Schnitzel - ob von Kalb, Rind, Schwein oder Pute - eignen sich hervorragend zum Füllen. Am besten, Sie lassen sich schon beim Kauf vom Metzger eine Tasche zum Füllen hineinschneiden, das erleichtert Ihnen die Zubereitung. Hier gibt es die Rezepte mit Überraschungseffekt!

... mit Speck, getrockneten Pflaumen und Madeira

In jede Schnitzeltasche je 2 Scheiben angebratenen Frühstücksspeck, 2 halbierte und entkernte getrocknete Pflaumen und 1 EL Madeira geben, würzen. Die Taschen verschließen, die Schnitzel panieren und braten.

... mit gekochtem Schinken, Butterkäse und Spinat

200 g Spinat blanchieren, gut ausdrücken, hacken, mit Salz, Pfeffer und Muskat würzen. Je 1/4 des Spinats in 1 Schnitzeltasche geben, dazu je 1 Scheibe Butterkäse und 1 Scheibe gekochten Schinken. Die Taschen verschließen, die Schnitzel panieren und braten.

Variationen

Neben dem klassischen Cordon Bleu, das Sie auf der vorhergehenden Seite finden, können Schnitzel noch mit vielen anderen Zutaten gefüllt werden. Überraschen Sie Ihre Gäste! Was die Panade anbetrifft, haben Sie freie Wahl.

... mit Mangold und Pilzen

4 Mangoldblätter kurz blanchieren, ca. 50 g Pilze und 50 g Speckwürfel in etwas Öl braten. In jede Schnitzeltasche 1 Mangoldblatt, je 1/4 der Pilze und Speckwürfel geben und würzen. Die Taschen verschließen, die Schnitzel panieren und braten.

... mit Lauch und Brötchen

100 g Speckwürfel und 1/2 gewürfelte Zwiebel in 1 EL Butterschmalz braten. Feine Ringe von 1 kleinen Lauchstange ca. 5 Minuten mitbraten. 1 eingeweichtes Brötchen mit 1 Eigelb dazuge- ben. Mit Salz, Pfeffer und Oregano würzen. Je 1/4 der Masse in jede Schnitzeltasche geben. Die Taschen verschließen, die Schnitzel panieren und braten.

SAUCEN
zu Schnitzel

Innen gefüllt, außen mit einer leckeren Sauce umhüllt: Hier erfahren Sie, welche Sauce am besten mit welcher Füllung harmoniert.

Tatarensauce

Remouladensauce mit klein geschnittenem, hart gekochtem Ei und fein gewürfelter Zwiebel verfeinern. Passt gut zu Cordon Bleu und Schnitzel mit Lauchfüllung.

Cocktailsauce

Ketchup und Mayonnaise miteinander mischen. Nach Belieben mit Cognac verfeinern. Mit frisch gemahlenem Pfeffer bestreuen.

Remouladensauce

Eigelb, Salz, Pfeffer, Zucker, Essig und Senf vermischen. Öl langsam darunterrühren. Mit fein geschnittener Essiggurke, Kapern und fein gehackter Petersilie vermischen. Passt gut zu Cordon Bleu und Schnitzel mit Lauchfüllung, aber auch zu Schnitzel mit gekochtem Schinken, Butterkäse und Spinat.

SCHWEINEKOTELETT
mit Paprika, Tomaten und Zwiebeln

Zutaten für 4 Personen

4	*Schweinekoteletts (à ca. 200 g)*
	etwas Mehl
3 EL	*Öl oder Butterschmalz*
125 ml	*Rinderbrühe*
1	*Zwiebel, in Ringe geschnitten*
1	*Knoblauchzehe, durchgepresst*
1	*rote Paprikaschote, in Streifen geschnitten*
1	*grüne Paprikaschote, in Streifen geschnitten*
3	*Tomaten, geviertelt*
30 g	*Butter*
	Gurkenscheiben und Salatblätter
	zum Garnieren

Schritt für Schritt

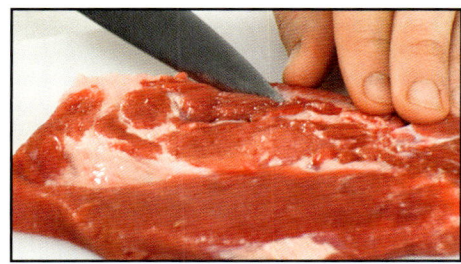

Koteletts leicht flach klopfen, am Knochen entlang einschneiden, salzen, mit der geklopften Seite in Mehl wenden, abklopfen.

Koteletts hineingeben, mehrmals wenden, dann die Koteletts herausnehmen.

Fett erhitzen, Fleisch mit der bemehlten Seite bei hoher Hitze kurz anbraten, wenden. In Alufolie gewickelt warm stellen.

Zwiebel und Knoblauch in Butter anschwitzen, Paprika und Tomaten dazugeben, mit Salz und Paprikapulver würzen.

Fett aus der Pfanne gießen, Rinderbrühe hineingeben und aufkochen, bis sich der Bratensatz löst.

Kotelett darauflegen und alles 15 Minuten schmoren.

KOTELETT INFO

Koteletts sind fingerdicke knochenhaltige Fleischscheiben, die von Kalb, Schwein, Lamm, Hammel, Wild oder auch vom Rind stammen können. Hier finden Sie einige Vorschläge für Zubereitungen mit Schweinekoteletts. Und weil die unterschiedlichen Fleischsorten auch untereinander harmonieren, finden Sie ab Seite 36 entsprechende Rezepte für Lammkoteletts. Koteletts unterscheidet man nach ihrer Herkunft vom Tier: Lenden-, Stiel- und Nackenkoteletts sind Teile des Rippenstücks.

Der hintere Teil, das **Lenden-** oder auch **Lummerkotelett** genannt, wird ausgelöst auch zu Schweinesteaks geschnitten.

Das Fleisch des **Stielkoteletts** ist sehr zart und kann beim Braten etwas trocken werden.

Das Nackenkotelett ist kräftig marmoriert und daher besonders saftig.

KURZGEBRATENES

SALATE
zu Koteletts

Mit Feta, Wildkräutern oder Paprika passen diese Salate wunderbar zu Schweinekoteletts.

Fetasalat
Einfach in Streifen geschnittene grüne Paprika, Zwiebelringe, Fetawürfel und in Streifen gehobelte Salatgurke mit grob gemahlenem Pfeffer, Essig und Öl mischen.

Wildkräutersalat
Löwenzahn und Sauerampfer in Streifen schneiden, Brunnenkresse zerpflücken. Mit einer Mischung aus Öl, Essig, etwas Salz, Pfeffer, Zucker und fein gehacktem Kerbel verrühren.

Gemischter Paprikasalat
Rote und grüne Paprikaschoten in sehr feine Streifen schneiden, Zwiebel in Ringe schneiden. Aus Zitronensaft, Salz, Zucker und Öl eine Marinade mischen und unter Paprika und Zwiebeln heben.

... mit Kümmel und Knoblauch
Koteletts braten, aus der Pfanne nehmen und warm stellen. 2 durchgepresste Knoblauchzehen im Bratensaft leicht anbräunen, mit 125 ml Brühe oder braunem Kalbsfond ablöschen, 1/2 TL Kümmel zufügen und mit 2-3 EL eiskalten Butterflöckchen binden. Sauce zu den Koteletts servieren.

... mit Tomaten, Kapern und Basilikum
Koteletts mit Knoblauch und Olivenöl einreiben, goldbraun braten und herausnehmen. Bratenfond mit Saft von 1 Zitrone ablöschen, eine Mischung aus 700 g gehäuteten und gewürfelten Fleischtomaten, 1 EL zerdrückten Kapern, 2 TL gehackten Basilikumblättchen, 1 EL Balsamessig, 2 EL Olivenöl, Salz und Pfeffer kurz darin erhitzen, um die Koteletts gießen.

SCHWEINEKOTELETTS
in mehreren Variationen

Hier finden Sie sechs Variationen für gebratene Schweinekoteletts in den verschiedensten Geschmacksrichtungen. Die Palette reicht vom frischen, leichten Geschmack einer Zitronensauce bis zum deftig-würzigen Aroma von Knoblauch und Kümmel. Bei Koteletts, die überbacken werden, verkürzt sich die vorherige Bratzeit um 5 Minuten.

... mit Zitronensauce

Koteletts mit Saft von 1/2 Zitrone beträufeln, auf jeder Seite goldbraun braten. Mit Salz und Pfeffer würzen, herausnehmen und warm stellen. Das Öl abgießen. Bratensatz mit dem Saft von 1/2 Zitrone ablöschen, etwas einkochen lassen. 2 EL Butter und 1 Tl abgeriebene Zitronenschale hineinrühren, abschmecken.

... mit Pilzen, Petersilie und Crème fraîche

2 EL Butter in der Pfanne zerlassen, in der die Koteletts gebraten wurden. 250 g dünn geschnittene Pilze nach Wahl darin 3 Minuten dünsten, salzen, pfeffern und etwas gehackte Petersilie darüberstreuen. 2 EL Crème fraîche unterrühren. Zu den Koteletts servieren.

... mit Eiern, Sardellen und Kapernäpfeln

4 Koteletts mit Pfeffer einreiben. In 1 EL Butter goldbraun braten, salzen, herausnehmen und warm stellen. In einer zweiten Pfanne 1 EL Butter erhitzen. 4 Eier darin ca. 7 Minuten braten, salzen und pfeffern. Koteletts auf Tellern servieren, je 1 Spiegelei auf 1 Kotelett geben. Je 1 Sardellenröllchen daraufgeben und 1-2 EL Kapernäpfel darüberstreuen.

... mit Ananas, gekochtem Schinken und Curry

Koteletts mit Salz, Pfeffer und Curry einreiben und braten. 4 halbierte Scheiben Ananas (Dose) im Bratfett anbraten, mit Curry bestäuben. Etwas Ananassaft angießen, einkochen lassen, 1 EL gehackten Salbei unterrühren. Koteletts mit je 1/2 Scheibe gekochtem Schinken und Ananas belegen. Saft darüberträufeln, Koteletts mit 100 g geriebenem Gouda bestreut überbacken.

QUELLER INFO

Queller ist eine einjährige Pflanze mit dickfleischigen leuchtend grünen Blättern, die zur Familie der Fuchsschwanzgewächse gehört und bis zu 45 cm hoch werden kann. Zum guten Gedeihen benötigt dieses Wildgemüse Salz. Daher findet man Queller in Wattgebieten dort, wo aus dem Meer Land gewonnen wurde. Beim Wachsen zieht die Pflanze Salz aus dem Boden und „reinigt" ihn so.
Feinschmecker bezeichnen Queller auch als Meeresspargel. Wirklich schmackhaft sind nur die jungen Pflanzen bzw. deren Spitzen, die ab Mai geerntet werden. Mit zunehmendem Alter wird die Pflanze holzig. Queller ist sehr

mineralstoffreich und enthält naturgegeben auch viel hochwertiges Jod. Sein Geschmack ist würzig und leicht pfeffrig.
Sie bekommen Queller in gut sortierten Feinkostläden oder im Fischgeschäft. Preislich liegt er noch über „echtem" Spargel.

Für die Zubereitung wird das Gemüse kurz in kochendem Wasser blanchiert, abgegossen und abgetropft. Kurz in heißer Butter schwenken genügt bereits. Dazu einige gehäutete, entkernte und gewürfelte Tomaten geben – fertig ist eine gesunde und leckere Beilage. Sie können den jungen Queller übrigens auch als Rohkost essen.

Zutaten für 4 Personen

1	*Lammkarree (800 g)*
1/2 TL	*Chilipulver oder -flocken*
3 EL	*Olivenöl für die Marinade*
	Salz
	Pfeffer
1 TL	*Thymian*
1 TL	*Zitronensaft*
1 EL	*Honig*
1 EL	*Olivenöl zum Braten*
Tipp	*Nehmen Sie für dieses Rezept ein ganzes Lammkarree, das Sie erst nach der Zubereitung in einzelne Koteletts teilen. So bleibt das Fleisch beim Braten zart und saftig.*

Schritt für Schritt

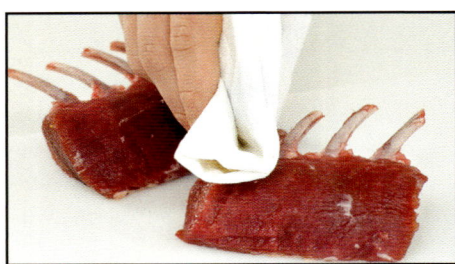

Das Lammkarree in zwei Teile schneiden und mit Küchenpapier trocken tupfen.

2 Stunden in Folie gewickelt marinieren. Anschließend die Folie entfernen.

Für die Marinade Chilipulver mit 3 EL Öl, Salz und Pfeffer verrühren. Thymian, Zitronensaft und Honig darunterrühren.

Beide Seiten 2-3 Minuten in 1 EL Öl scharf anbraten. Bei 140 °C 8-10 Minuten im Ofen fertig garen, mit Marinade bestreichen.

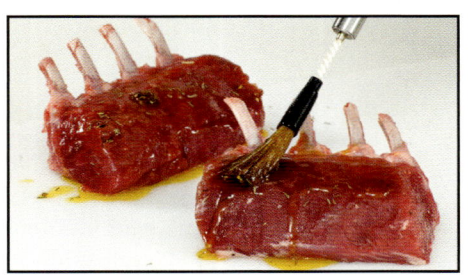

Die Fleischstücke von beiden Seiten mit der Marinade bestreichen.

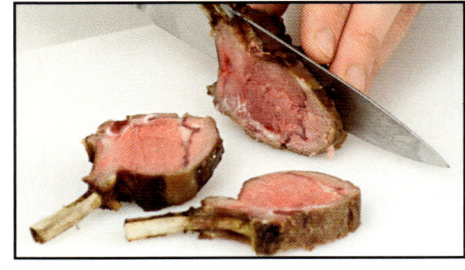

Die Fleischstücke aus der Pfanne nehmen und in 4 Koteletts schneiden.

LAMMKOTELETTS
mit Chili-Honig-Marinade

LAMMKOTELETTS

in mehreren Variationen

Lammfleisch hat ein kräftiges, ausgeprägtes Aroma und ist dabei sehr zart. Genau das Richtige für besondere und festliche Anlässe. Nicht nur zum Braten, sondern auch für den Grill ist das saftige Fleisch gut geeignet.

... mit Whisky-Ingwer-Minz-Marinade

3 EL Öl mit 3 cl Whisky, Pfeffer, gemahlenem Ingwer, 2 gehackten Knoblauchzehen, 2 EL gehackter Minze verrühren. Fleisch 2 Stunden marinieren, dann trocken tupfen. 6-8 Minuten beidseitig grillen. Marinade erhitzen, mit 4 EL Sahne verrühren, abschmecken. Lammkaree in Koteletts schneiden, salzen und mit Sahnesauce anrichten.

... mit Knoblauch, Rosmarin und Salbei

2 EL Olivenöl und 2 EL Butter erhitzen. 4 Knoblauchzehen in Scheiben, 1 TL Rosmarinnadeln und 6 Salbeiblätter 10 Minuten darin dünsten. Kräuter und Knoblauch herausnehmen. Das Lammkarree bei starker Hitze von beiden Seiten etwa 3 Minuten darin braten. In Koteletts schneiden, salzen, pfeffern, mit Kräutern servieren.

... mit Melissenbutter und Lauchzwiebeln

Lammkarree in 3 EL Zitronensaft, 1 gehackten Knoblauchzehe, 1 TL Salbei, Pfeffer marinieren. 3 EL gehackte Zitronenmelisse mit 50 g Butter, 1 EL Zitronensaft, Salz, Pfeffer verrühren. 1 Bund gehackte Lauchzwiebeln in 1 EL Butter andünsten, salzen. Lammkarree braten (s.o.), in Koteletts schneiden, mit Melissenbutter und Lauchzwiebeln anrichten.

... mit Pfirsichen, Mozzarella und Oregano

Lammkarree in 1 gehackten Knoblauchzehe, je 1/2 EL gehacktem Majoran, Thymian, 1 TL abgeriebener Zitronenschale und 3 EL Öl 2 Stunden marinieren. Dann braten (s.o.) und in Koteletts schneiden. Mit 12 Pfirsichspalten belegen, salzen, pfeffern, mit 3 EL gehacktem Oregano bestreuen. Mit 125 g Mozzarellascheiben überbacken.

BEILAGEN
zu Lammkoteletts

Weil Rosmarin so ein perfekter Begleiter zu Lamm ist, sind Rosmarinkartoffeln die erste Wahl als Beilage. Ein frühlinghaftes Gemüse-Potpourri ergänzt das Mahl.

... mit Kiwis, Aprikosen und Curry

Lammkarree in 3 EL heißen Olivenöl beidseitig 3 Minuten braten. Warm stellen. 3 gehackte Knoblauchzehen, 1 TL Curry im Bratfett schmoren. Je 1 gewürfelte Kiwi, Aprikose mitdünsten. 350 g Sahne, 1 Prise Zimt zugeben, sämig einkochen. Karree in Koteletts schneiden, salzen, mit der Sauce anrichten.

Rosmarinkartoffeln

Ungeschälte Kartoffeln längs halbieren, Schnittflächen mit Salz und gehacktem Rosmarin bestreuen, etwas Öl darüberträufeln und die Kartoffeln auf ein gefettetes Blech oder in eine Form setzen. Mit der Schnittfläche nach oben 30 - 40 Minuten bei 200 °C im Ofen backen.

... mit Tomaten, Zucchini und Oliven

Lammkarree mit Pfeffer einreiben. In 3 EL Olivenöl braten (s.o.), warm stellen. 1 gehackte Zwiebel und Knoblauchzehe, 1/2 TL gehackter Rosmarin, 200 g Tomatenwürfel, 125 g Zucchinischeiben, 50 g halbierte schwarze Oliven im Bratfett anbraten, mit etwas Wasser 10 - 15 Minuten köcheln. Karree salzen, in Koteletts schneiden, mit der Sauce anrichten.

Gemüse-Potpourri

Brokkoli, Spargel, Frühlingszwiebeln und Cherrytomaten in Stücke schneiden. Spargel und Brokkoli in Salzwasser geben, zusammen bissfest garen, abgießen und in Eiswasser abschrecken. Frühlingszwiebeln und Tomaten in Butter kurz anschwitzen. Etwas Balsamico und das restliche Gemüse dazugeben, mischen, mit Salz und Pfeffer abschmecken.

SCHWEINEMEDAILLONS
mit Speck und Champignons

Zutaten für 4 Personen

800 g	Schweinefilet
6	Scheiben Frühstücksspeck, halbiert
	Salz, Pfeffer
3 EL	Rosmarinnadeln, gehackt
4 EL	Öl
200 g	Champignons
2 EL	Butter
2 EL	Weißwein
100 ml	Fleischbrühe

Schritt für Schritt

Schweinefilet in 12 gleich große Medaillons schneiden, flach drücken und mit je 1/2 Speckscheibe umwickeln.

Die Champignons putzen, feucht abreiben und in dünne Scheiben schneiden.

Die Medaillons von beiden Seiten salzen und pfeffern und mit gehackten Rosmarinnadeln bestreuen.

Die Butter in einer Pfanne erhitzen und die Pilze darin 3 Minuten unter Rühren schmoren.

Medaillons in 4 EL Öl 1 Minute von beiden Seiten braten. Hitze reduzieren und Fleisch 3 Minuten weiterbraten. Warm stellen.

Mit Wein ablöschen und die Brühe angießen. Sauce etwas einkochen lassen.

POLENTA INFO

Polenta ist eine typisch italienische Beilage aus fein gemahlenem Maisgrieß.

Für die Zubereitung 750 ml Wasser mit Salz aufkochen und 250 g Maisgrieß einrieseln lassen. Klumpenfrei unterrühren.

Polenta etwa 20 Minuten unter Rühren quellen lassen, bis die Masse dick ist, sodass der Löffel steckenbleibt. Auf einer bemehlten Fläche glatt streichen.

Aus der Polenta gewünschte Formen ausstechen.

Polentastücke entweder sofort servieren oder in heißer Butter knusprig goldbraun ausbacken. In Butter gebraten, schmeckt die Polenta noch am nächsten Tag.

41

KURZGEBRATENES

SAUCEN
z u M e d a i l l o n s

Zu in Öl oder Butterschmalz gebratenen Schweinemedaillons passen diese sahnigen Saucen
besonders gut. Sie haben die Wahl zwischen
scharf-süss, würzig-alkoholisch und einer
deftig-orientalischen
Variante.

Paprika-Chili-Sauce

Im Bratensatz 1 gelbe Paprikaschote in Würfeln und 1/2 entkernte Chilischote in Ringen andünsten. Ketchup und Brühe
zugeben. Mit Zucker, Salz und Pfeffer abschmecken.

Cognac-Sahne-Sauce

Bratensatz in der Pfanne mit Brühe, Weißwein und etwas
Cognac ablöschen. Sahne einkochen, mit Salz und Pfeffer
abschmecken. Passt auch zu Medaillons mit Knoblauch-
Rosmarin-Marinade.

Zwiebel-Curry-Sahne

Zwiebelspalten im Bratensatz anbraten, mit Mehl und Curry
bestäuben. Sahne und Brühe damit aufkochen lassen, salzen
und pfeffern.

... mit Äpfeln, Preiselbeeren und Gouda

8 dicke Apfelringe in 3 EL Butter anbraten, Medaillons 3 Minu-
ten anbraten. Auf einem Blech mit den Apfelringen, je 1 TL
Preiselbeeren und 200 g geriebenem Gouda belegen. 10 Minuten
bei 200 °C backen. 500 g gewürfelte Äpfel und 1 fein gewürfelte
Zwiebel anbraten, mit 2 EL Calvados, 125 g Sahne und 100 ml
Bratenfond ablöschen. Medaillons mit Sauce servieren.

... mit Knoblauch-Rosmarin-Marinade

4 EL Olivenöl, 1 TL Salz, 1 durchgepresste Knoblauchzehe, Pfeffer
und Rosmarin zu einer Marinade verrühren. Fleisch mindestens
2 Stunden in Alufolie gewickelt im Kühlschrank marinieren lassen. Dann in Olivenöl goldbraun braten. Anschließend wieder in
die Alufolie wickeln. In einer ofenfesten Form bei 175 °C in ca.
15 Minuten fertig garen, abhängig von der Dicke des Fleisches.

SCHWEINEMEDAILLONS
in mehreren Variationen

Medaillons heißen die Fleischstücke, weil sie rund oder leicht oval sind, gleichzeitig lässt der Begriff aber auch eine edle Herkunft vermuten - und damit liegen Sie gar nicht verkehrt, stammen die Fleischstücke doch aus dem Besten vom Schwein, dem Filet.

... mit Aprikosen und Gorgonzola

Medaillons 3 Minuten anbraten. 1 Knoblauchzehe in Scheiben schneiden und 2 Minuten mitdünsten. 12 Aprikosenhälften aus der Dose abtropfen lassen, 150 g Gorgonzola in 2-3 mm dicke Scheiben schneiden. Medaillons mit Salz und Pfeffer würzen, in der Form mit jeweils 1 Aprikosenhälfte und Gorgonzola belegen. Ca. 10 Minuten bei 200 °C überbacken.

... mit Lauch und Pflaumen

Medaillons salzen, pfeffern und mit 4 längs halbierten Lauchblättern umwickeln. Mit Holzspießchen feststecken. In 5 EL Butter je nach Dicke 5-7 Minuten von beiden Seiten braten. Herausnehmen und warm stellen. 3 EL Weinbrand hinzufügen, 200 g entsteinte Pflaumen im Bratensatz kurz durchschmoren, aufkochen und zu den Medaillons servieren.

... mit Semmelbrösel-Kräuterbutter

150 g Kräuterbutter mit 1 Bund fein gehacktem Thymian und 100 g Paniermehl verkneten. Medaillons von jeder Seite 2 Minuten braten, dann in eine feuerfeste Form setzen. Kräuterbuttermischung auf den Medaillons verteilen. Bei 175 °C (Umluft) ca. 10 Minuten backen.

... mit Lauchzwiebeln und Senf

1 Zwiebel und 120 g Lauchzwiebeln in Streifen schneiden. Zwiebeln in 1 EL Öl, Lauchzwiebeln in je 1 EL Butter und Öl anbraten, zu den Zwiebeln geben. Abkühlen lassen und mit 25 g geriebenem Gouda, 1 EL Senf, Semmelbröseln, Salz und Pfeffer vermengen. Medaillons anbraten, in einer Auflaufform mit der Lauchzwiebelmasse belegen, bei 200 °C etwa 10 Minuten überbacken.

ROSTBRATEN
mit Zwiebeln

Zutaten für 4 Personen

4	*Rinderlendenscheiben (à ca. 200 g)*
	Pfeffer
4	*Zwiebeln, in feine Ringe geschnitten*
100 ml	*Öl*
	Salz
	Mehl
150 ml	*Fleischbrühe*

INFO

Beim Zwiebelrostbraten spielt die **Zwiebel** - wie der Name schon vermuten lässt - eine Hauptrolle. Ihre Einsatzmöglichkeiten in der Küche sind fast unendlich, sie bildet die Basis vieler deftiger Gerichte. Diese Vielseitigkeit haben sie auch ihrer Artenvielfalt zu verdanken, die von klein bis groß, von mild-süß bis beißend scharf reicht. In der feinen Küche weisen Bezeichnungen wie „à la Soubise" oder „à la lyonnaise" immer auf einen großzügigen Einsatz von Zwiebeln hin.

Schritt für Schritt

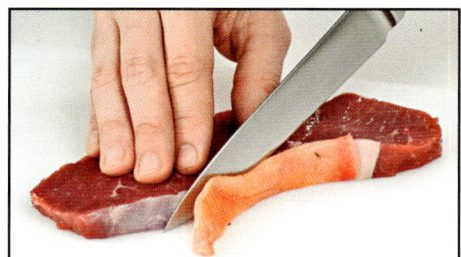

Fleischscheiben von Fett und Sehnen befreien. Trocken tupfen und flach drücken.

Fleischscheiben auf beiden Seiten mit frisch gemahlenem Pfeffer bestreuen und in Mehl wenden.

Die Hälfte des Öls in einer Pfanne erhitzen. Fleischscheiben bei mittlerer Hitze von beiden Seiten je ca. 4 Minuten braten.

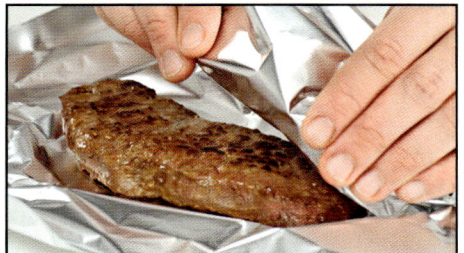

Fleisch aus der Pfanne nehmen, würzen, zugedeckt warm stellen. Bratensatz mit 150 ml Fleischbrühe ablöschen und einkochen.

Die Zwiebeln im restlichen Öl goldbraun braten.

Fleisch auf Tellern verteilen, mit Sauce begießen und mit Zwiebeln belegen.

Beilage

Die typische Beilage für Rostbraten mit Zwiebeln sind **Bratkartoffeln**. Dazu werden etwa 800 g Kartoffeln zuerst in der Schale in genügend Salzwasser gegart. Nach dem Abkühlen die Kartoffeln pellen und vierteln. In einer Pfanne 5 EL Bratöl erhitzen. Die Kartoffelviertel darin bei hoher Temperatur knusprig goldbraun braten. Dabei mehrmals wenden. Zuletzt mit Salz und Pfeffer aus der Mühle würzen und mit fein gehackter Petersilie bestreut sofort servieren.

KURZGEBRATENES

BEILAGEN
zu Rostbraten

Nudeln oder Reis passen gut zu Rostbraten - oder Kartoffeln in verschiedenen Variationen. Hier zwei Vorschläge:

Kartoffelgratin

In dünne Scheiben gehobelte Kartoffeln dachziegelartig in eine Auflaufform schichten. Mit Salz, Pfeffer, Muskat würzen. Mit einer Mischung aus Sahne, Milch und geriebenem Gouda bedeckt 50 - 60 Minuten bei 200 °C überbacken.

Kartoffelpüree

Kartoffeln mit der Schale kochen, pellen und noch heiß durch eine Kartoffelpresse drücken. Nach und nach Milch und Butter darunterrühren, bis eine sahnige Konsistenz entstanden ist. Mit Salz und Muskat würzen.

ROSTBRATEN
in mehrerer

Die Begriffe Rostbraten und Roastbeef werden oft synonym verwendet. Genau genommen besteht das Roastbeef aber aus zwei Teilen des Rinderrückens, von dem nur der hintere Teil als Rostbraten oder auch als flaches Roastbeef bezeichnet wird, während der vordere Teil hohes Roastbeef heißt. Der Rostbraten wird auch in fingerdicke Scheiben geschnitten

... mit Paprika und grünem Pfeffer

Fleischscheiben würzen, anbraten, herausnehmen. In der Pfanne 2 in feine Streifen geschnittene Paprika (rot und grün) und 1 in Ringe geschnittene Gemüsezwiebel weich dünsten. Aus dem Bratensud, 100 ml Brühe und 2 EL kalten Butterflöckchen eine Bratensauce herstellen, 1 EL eingelegte grüne Pfefferkörner hineingeben. Rostbraten mit Gemüse und Sauce anrichten.

... mit Senf, Preiselbeeren und saurer Sahne

Fleischscheiben salzen, pfeffern, auf 1 Seite dick mit Senf bestreichen. Zuerst auf der bestrichenen Seite, dann auf der anderen Seite braten, herausnehmen. 1 fein gehackte Zwiebel im Öl glasig dünsten, Bratensatz mit Wasser lösen. In einen Topf geben, mit Mehl binden. Fleisch und 2 EL Preiselbeeren hinzugeben, garen. Vor dem Servieren 125 g saure Sahne hinzufügen.

/ariationen

und als kurzgebratenes Stück serviert. Er eignet sich für besonders geschmacksintensive Zubereitungen. Mit Knoblauch, Zwiebeln, Lauch, Kräutern und Senf hat das deftige Stück Fleisch die idealen Ergänzungen. Hier finden Sie vier Vorschläge für verschiedene Zubereitungsarten.

SALATE
zu Rostbraten

Salate passen auch sehr gut zu Rostbraten - oder Rohkost in verschiedenen Variationen. Hier zwei Vorschläge:

... mit Knoblauch-Petersilien-Sauce

Fleischscheiben würzen, anbraten, herausnehmen. In der Pfanne 3 in feine Scheiben geschnittene Knoblauchzehen braten. Aus dem Bratensud, 100 ml Brühe und 2 EL kalten Butterflöckchen eine Bratensauce herstellen, 1/2 Bund fein gehackte Petersilie und 1 TL Paprikapulver edelsüß hineingeben. Fleisch mit der Sauce anrichten, Knoblauch darübergeben.

Rotkohl-Apfel-Salat

Rotkohl fein hobeln, mit geraspeltem säuerlichem Apfel und Zitronensaft vermischen. Mit einer Sauce aus Weinessig, Salz, weißem Pfeffer und Sahne verrühren.

... mit Sojasauce-Lauch-Marinade und Sesam

1 in feine Ringe geschnittene Lauchstange, 1 fein gewürfelte Zwiebel, 4 durchpresste Knoblauchzehen, 2 EL Zucker, 2 EL Sesamöl, 4 EL Sojasauce und 4 EL Weißwein zu einer Marinade mischen, zum Fleisch geben und gut mischen. 1 - 2 Stunden im Kühlschrank ziehen lassen. Anschließend in 2 EL Sesamöl in der Pfanne braten. Mit 3 EL Sesamsamen bestreut servieren.

Feldsalat

Wurzeln vom Feldsalat entfernen, Salat waschen und gut trocken schleudern. Mit einem Dressing aus Essig, Öl, Salz, Pfeffer und Zucker mischen. Croûtons darüberstreuen.

FLEISCHSPIESSE
mit Speck, Zwiebeln und Tomaten

Zutaten für 4 Personen

4 EL	*Öl*
	Pfeffer
	Salz
1 TL	*Rosmarinnadeln*
500 g	*Rind-, Schweine- oder Lammfleisch, in 3-4 cm große und 1 cm dicke Scheiben geschnitten*
150 g	*durchwachsener Speck, in 3-4 cm große und 1 cm dicke Scheiben geschnitten*
2	*Zwiebeln, in dicke Spalten geschnitten*
2	*Tomaten, geviertelt*
1 EL	*Öl*
4	*Spieße (Holz oder Metall)*

Schritt für Schritt

Eine Marinade aus Öl, Pfeffer, Salz und Rosmarin zubereiten.

Spieße vorsichtig mit Öl einpinseln und abtropfen lassen.

Das Fleisch in der Marinade zugedeckt im Kühlschrank mindestens 10 Stunden ziehen lassen. Ab und zu wenden.

Grillrost ebenfalls mit dem Öl bepinseln. Spieße mit einem Abstand von 5 cm unter den Grill legen.

Das Fleisch abwechselnd mit den Zwiebel-, Speck- und Tomatenstücken auf die Spieße stecken.

10-15 Minuten grillen,währenddessen mehrmals wenden. Sofort servieren.

GRILLEN INFO

Zum **Grillen** sind mittlerweile mehrere Arten von Grills auf dem Markt. Sie können zwischen dem klassischen Holzkohlegrill, dem Gas- oder Lavasteingrill bis zum Elektrogrill wählen - je nach Ihren Bedürfnissen und Möglichkeiten. Typische Kräuter zum Grillen sind:

Thymian,

Rosmarin,

Oregano,

Salbei.
Außerdem natürlich alle anderen, die Sie wollen.

Wenn Sie **Holzspießchen** verwenden, dann wässern Sie diese vorher gut. Damit verhindern Sie, dass die Spießchen beim Braten verbrennen. Das ist beim Grillen besonders schnell der Fall, denn die Glut wird sehr heiß und hervorschießende Flammen lassen sich nicht immer vermeiden.

FLEISCHSPIESSE
in mehreren Variationen

Bei Fleischspießen sind der Fantasie keine Grenzen gesetzt: Alles, was sich auf Spieße stecken und braten, backen oder grillen lässt, ist möglich - erlaubt ist, was schmeckt. Durch die Marinade bleibt das Fleisch saftig und bekommt mehr Aroma.

... mit Garnelen, Paprika und Physalis

Fleisch salzen und pfeffern. 2 Zwiebeln und 4 rote Paprika in Stücke schneiden. 12 Garnelen mit je 1/2 Scheibe rohem Schinken umwickeln. Alles abwechselnd auf Spieße stecken. In einer Marinade aus 10 blanchierten und pürierten Physalis, 3 EL Olivenöl, 4 EL Balsamico, Saft von 1 Limette, 1 EL Limettensirup, 2 EL Paprikamark, Salz und Pfeffer 6 Stunden ziehen lassen.

... mit Ingwer und Erdnussbutter

Fleisch in 4 Streifen schneiden und wellenförmig auf 4 Spieße stecken. Mit einer Marinade aus fein gehacktem Ingwer und 8 EL Teriyaki-Sauce bestreichen. 1 gewürfelte Zwiebel anschwitzen, mit 150 g ungesüßter Erdnussbutter, 1 TL Sambal Oelek, 4 EL Sojasauce und 100 ml Ananassaft mischen. Spieße beim Braten mit Marinade bestreichen.

... mit Leber, grüner Paprika und Gewürzgurke

3 grüne Paprika in Würfeln, je 200 g Schweineleber- und Speckwürfel, je 3 Gewürzgurkenscheiben und Spalten aus 3 Zwiebeln auf Stäbchen stecken. Eine Sauce aus 80 g Ketchup, 2 EL Curry, 1 EL Aprikosenkonfitüre, Salz und Pfeffer rühren, die Hälfte über die Spieße geben, bei 180 °C 1 Stunde backen. Zwischendurch Spieße wenden, restliche Sauce darübergeben.

... mit Knoblauch, Zucchini und Cherrytomaten

3 durchgepresste Knoblauchzehen mit 100 ml Olivenöl, 1 EL Zitronensaft, 2 EL Senf, 1 EL Thymian, Salz und Pfeffer mischen. Fleisch ca. 2 Stunden darin marinieren. Zucchini in 2 cm lange Stücke schneiden. 4 - 6 Knoblauchzehen (nach Geschmack) halbieren. Abwechselnd Fleisch, Zucchini, Knoblauch und insgesamt 12 Cherrytomaten auf Spieße stecken und grillen.

SAUCEN
zu Fleischspießen

Für Saucenfans gibt es hier zusätzlich zu den 6 verschiedenen Zubereitungsvariationen für Fleischspieße 3 leckere Saucen. Sie passen auch zu anderem Kurzgebratenem oder Gegrilltem.

Curry-Ananas-Sauce
Ananaswürfel (Dose) mit 1 entkernten Chilischote in Ringen mischen. 100 ml Ananassaft mit 100 ml Wasser, 1 Prise gekörnter Brühe und Curry nach Geschmack zu einer sämigen Sauce kochen. Ananas und Chili unterrühren.

Zwiebelsauce
Gehackte eingelegte Perlzwiebeln mit Weißwein und Crème fraîche mischen. Mit Salz, Pfeffer und gehacktem Rosmarin würzen. Passt zu Aprikosen-Perlzwiebel-Spießen.

Paprika-Pilz-Sauce
Blättrig geschnittene Champignons mit roter und gelber Paprika in Streifen, gehackter Zwiebel und Sahne schmoren. Würzen. Passt zu Leber, grüner Paprika und anderen.

... mit Aprikosen und Perlzwiebeln
250 g Zwiebelringe anbraten. 125 g Aprikosenkonfitüre mit 2 EL Essig, 1 TL Zucker, 1 gepresste Knoblauchzehe, Salz und Pfeffer dazugeben, 5 Minuten köcheln. Fleisch, 125 g Speck in Scheiben, 250 getrocknete und eingeweichte Aprikosen abwechselnd auf Spieße stecken, über Nacht in der Marinade ziehen lassen, anschließend grillen.

... mit Ananas, gekochtem Schinken und Gouda
Fleisch mit Salz, Pfeffer, 2 TL Paprikapulver und 1 EL Curry würzen. 2 durchgepresste Knoblauchzehen mit 2 EL Öl verrühren, Fleisch damit bestreichen. 150 g gekochten Schinken in halben Scheiben aufrollen, abwechselnd mit 200 g Ananasstücken (Dose) und dem Fleisch auf Spieße stecken. Anbraten, mit 150 g geriebenem Gouda bestreuen und 10 Minuten im Ofen überbacken.

HACKFLEISCH

Hackfleisch ist einfach wunderbar vielseitig!

Sie können es als Frikadelle oder Hackbraten zubereiten, schmackhafte Zutaten in den Fleischteig mit hineingeben, das Hackfleisch mit Teig oder Gemüse umhüllen und daraus köstliche Saucen, Aufläufe oder Pfannengerichte zaubern.

Alles ist möglich und dabei ganz einfach gemacht!

In diesem Kapitel finden Sie nicht nur jede Menge Rezepte in verschiedenen Variationen, sondern auch Beilagen und Saucen dazu!

HACKBÄLLCHEN
Königsberger Klopse traditionell

Zutaten für 4 Personen

500 g	*gemischtes Hackfleisch*
2	*Zwiebeln, eine klein gehackt*
1 Bund	*Petersilie, Blätter fein gehackt*
4	*Sardellenfilets, fein gehackt*
1 EL	*Sahne*
	Salz, Pfeffer, Muskatnuss, Majoran
1	*Ei*
1	*Brötchen vom Vortag, eingeweicht*
2	*Nelken*
je 1	*Lorbeerblatt und Zwiebel*
3 EL	*Butter*
3 EL	*Mehl*
2 EL	*Zitronensaft*
2 EL	*Kapern*
3 EL	*saure Sahne*

Schritt für Schritt

Hackfleisch, Zwiebelwürfel, Petersilie, Sardellen, Sahne, Gewürze, Ei und ausgedrücktes Brötchen mischen.

Für die Sauce Butter zerlassen, Mehl darin goldgelb anschwitzen. Nach und nach 500 ml Kochflüssigkeit einrühren.

1 l Salzwasser aufkochen, auf mittlere Temperatur stellen, mit Nelken und Lorbeerblatt gespickte Zwiebel zugeben.

Sauce 20 Minuten kochen, dann Salz, Pfeffer, Zitronensaft, Kapern, saure Sahne und Gewürze zugeben.

Aus dem Teig 4 - 6 cm große Klopse formen, im heißen Wasser 15 - 20 Minuten ziehen lassen. Kochflüssigkeit aufheben.

Klopse in die Sauce geben.

HACKBÄLLCHEN
in mehreren Variationen

Hackfleischbällchen in viel Sauce sind nicht nur ein Festessen für Kinder. Servieren Sie dazu Reis, Nudeln, Kartoffeln, Getreide ... oder einfach nur Brot. Ein Gericht so richtig zum Sattessen!

... mit Tomatensauce und Mozzarella

1 gewürfelte Zwiebel mit 2 EL Tomatenmark anbraten. 250 g passierte Tomaten und 2 zerdrückte Knoblauchzehen dazugeben, mit Salz, Pfeffer, italienischen Kräutern und Zucker würzen. 30 Minuten köcheln. Aus 500 g Hackfleisch, 100 g Paniermehl, 1 Ei, Chili, Salz, Pfeffer und Kräutern Bällchen formen. Mit der Sauce begießen, mit 125 g Mozzarella 10-15 Min. überbacken.

... mit Kartoffeln und Zucchini

Je 1 gehackte Zwiebel und Knoblauchzehe mit 1 TL Senf und 500 g Hackfleisch verkneten, salzen und pfeffern. Bällchen formen, ca. 5 Minuten braten, herausnehmen. 750 g gewürfelte Kartoffeln und 2 gewürfelte Zucchini darin braten, mit Wasser, 100 g Sahne und 200 ml Milch ablöschen, 10 Minuten köcheln, binden und aufkochen. Hackbällchen zugeben, salzen, pfeffern.

... mit Quark, Salatgurke und Minze

1 fein gewürfelte Zwiebel mit 1 eingeweichten Brötchen, 500 g Hackfleisch, 1 Ei, Salz und Cayennepfeffer verkneten. Bällchen formen und 10 Minuten braten. 1 geraffelte Gurke, 1/2 Bund gehackte Minze und 4 durchgepresste Knoblauchzehen mit 500 g Magerquark und 150 g saurer Sahne verrühren. Abschmecken, Hackbällchen hineingeben.

... mit Möhren, Zwiebeln und Curry

500 g Hackfleisch, Semmelbrösel, 1 Ei, Salz und Pfeffer zu Bällchen formen. Ca. 10 Minuten braten, herausnehmen. 500 g Möhren in Scheiben und 1 gewürfelte Zwiebel in Öl dünsten, 2 EL Curry dazugeben. 2 EL Mehl anschwitzen, mit 500 ml Brühe ablöschen, 10 Minuten köcheln. 1 Becher Crème fraîche und 1/2 Bund gehackte Petersilie einrühren. Hackbällchen dazugeben.

... mit Erdnüssen, Kokosmilch und Paprika

Aus 50 g fein gehackten Erdnüssen, 1 durchgepressten Knoblauchzehe, 3 EL Fischsauce, 2 TL Currypaste, Salz, Pfeffer und 500 g Hackfleisch Bällchen formen, in 4 EL Stärke wälzen. Braten, herausnehmen, beiseitestellen. 2 Bund Lauchzwiebeln in Ringen und 2 rote Paprika in Streifen im Fett dünsten. 800 ml Kokosmilch und 1 TL Zucker zufügen, Bällchen dazugeben, aufkochen.

... mit Champignons, Steinpilzen und Pfifferlingen

Aus 500 g Hackfleisch, 1 gewürfelten Zwiebel, 2 EL Quark, 1 EL Tomatenmark, Salz, Pfeffer und Paprikapulver Bällchen formen, 10 Minuten braten, herausnehmen. 1 gewürfelte Zwiebel darin dünsten. 10 g eingeweichte Steinpilze, 500 g Champignons, 250 g Pfifferlinge dazugeben, würzen, mit Brühe löschen, 5 Minuten köcheln, binden, Hackbällchen dazugeben, kurz köcheln lassen.

BEILAGEN
für Hackbällchen

Kartoffeln, ob gekocht oder gebacken, machen sich zu milden und pikanten Zubereitungen gut.

Herzoginkartoffeln

800 g Kartoffelpüree mit 100 g Butter, 4 Eigelb, Salz, Pfeffer, Muskat verrühren. Häufchen auf ein Backblech spritzen. Mit verquirltem Eigelb bepinseln, bei 220 °C 10 Minuten backen.

Dauphinekartoffeln

200 ml Wasser, mit 40 g Butter und Salz aufkochen, vom Herd nehmen. 70 g Mehl einrühren. Wieder auf den Herd stellen, so lange rühren, bis sich ein Kloß bildet und am Boden anhaftet. Nach und nach 4 Eier einrühren, salzen. Nocken abstechen, in heißem Öl goldbraun ausbacken.

Salzkartoffeln

800 g Kartoffeln schälen, waschen und halbieren. In einem Topf in kochendem Salzwasser in ca. 20 Min. gar kochen. Nach dem Kochen kurz im offenen Topf auf der abgeschalteten Herdplatte zum Abdämpfen stehen lassen.

FRIKADELLEN
mit Zwiebeln, Gurken und Senf

INFO

Die klassische Würzung für Gewürz- bzw. **Essiggurken** ist eine Mischung aus Essig und Kräutern, in der junge, noch unreife Delikatessgurken eingelegt werden. Häufig finden sich Dill, weiße Senfkörner, Zwiebeln, Salz und eventuell Zucker sowie Aromen wie Pfeffer im Sud. Für Senfgurken nimmt man dagegen mittelgroße Schlangengurken, die ebenfalls in einem speziellen Essig-Senf-Sud eingelegt werden. Salzgurken bzw. saure Gurken werden durch Milchsäuregärung haltbar gemacht.

Zutaten für 4 Personen

1	Brötchen vom Vortag
1 große	Zwiebel, fein gehackt
5	Gewürzgurken, fein gehackt
250 g	Rindergehacktes
250 g	Schweinegehacktes
1	Ei
30 ml	Rotwein
2 TL	Senf
	Salz
	Pfeffer
2 EL	Butter

Schritt für Schritt

Brötchen in 250 ml Wasser einweichen, anschließend gut ausdrücken und mt den Händen zerpflücken.

Zwiebeln- und Gurkenwürfel mit dem Hackfleisch, dem Brötchen, dem Ei, Rotwein, Senf, Salz und Pfeffer gut vermengen.

Mit angefeuchteten Händen 8 leicht abgeflachte, etwa tennisballgroße Frikadellen formen.

Butter in einer Pfanne bei mittlerer Hitze erhitzen. Frikadellen mit dem Pfannenwender hintereinander hineingeben.

4 Minuten braten, dann umdrehen und danach bei reduzierter Hitze von jeder Seite 5 Minuten knusprig braun braten.

Beilage

Zu Frikadellen passt eigentlich fast jedes gedünstete Gemüse. Die Kombination mit **Erbsen und Möhren** ist aber wahrscheinlich die beliebteste, die bei vielen von uns Kindheitserinnerungen weckt: Dünsten Sie 4 große Möhren und 100 g TK-Erbsen in 1 TL Butter an, salzen und zuckern Sie. Diese mit etwas Wasser ablöschen und 5 - 10 Minuten im geschlossenem Topf köcheln lassen. Mit Salz und Pfeffer abschmecken und 1 EL gehackte Petersilie unterrühren.

Beilage

Manchmal ist das Einfachste auch das Leckerste. Servieren Sie zu den Frikadellen **Pellkartoffeln**. Das macht beim Kochen wenig Arbeit, und das Schälen am Tisch in Teamarbeit macht sogar mehr Spaß. So geht`s: 750 g festkochende Kartoffeln mit der Gemüsebürste unter fließendem Wasser gründlich abbürsten. In reichlich Salzwasser etwa 20 Minuten kochen, abgießen und servieren. Vergessen Sie nicht, für jeden ein Schälmesser bereitzulegen.

HACKFLEISCH

SAUCEN
zu Frikadellen

Dunkle, kräftige Saucen ergänzen den herzhaften Geschmack von Frikadellen hervorragend! Die dunkle Grundsauce kann mit verschiedenen Zutaten wie Senf, grünem Pfeffer, Paprikapulver, Tomatenmark, Cognac, Sahne oder Crème fraîche delikat verfeinert werden.

Dunkle Senfsauce

Aus Fleischbrühe, Suppengemüse, Rotwein und Kräutern nach Geschmack eine dunkle Sauce zubereiten und mit Butter oder einer Mehlschwitze binden. Die Sauce anschließend mit 1–2 EL Senf verfeinern und eingelegte grüne Pfefferkörner mitkochen. Passt gut zu allen deftigen Frikadellen mit Senf, Paprika, Zwiebeln, Tomaten und Knoblauch.

Ungarische Sauce

Wie oben beschrieben eine dunkle Sauce zubereiten und mit Rosenpaprika oder edelsüßem Paprikapulver und Tomatenmark pikant abschmecken. Wer es scharf mag, schmeckt mit 1/2 TL Cayennepfeffer oder einigen Spritzern Tabasco ab. Passt gut zu allen deftigen Frikadellen mit Senf, Paprika, Zwiebeln, Tomaten und Knoblauch.

... mit Champignons und Petersilie

1 fein gehackte Zwiebel weich dünsten, 1 durchgepresste Knoblauchzehe und 100 g blättrig geschnittene Champignons dazugeben und mitdünsten, bis fast alle Flüssigkeit verdampft ist. Abgekühlt mit Hackfleisch und 1 fein gehackten Bund Petersilie vermischen. Mit Salz, Pfeffer, Thymian und Paprika würzen, Frikadellen formen und braten.

... mit grobem Senf und Paprika

1 Brötchen vom Vortag zerbröseln und in etwas lauwarmer Milch einweichen. 1 Ei, etwas Salz, Pfeffer und Paprikapulver, 2–3 TL groben Senf, 2 klein gehackte Zwiebeln und 500 g Hackfleisch dazugeben und alles gut vermischen. Sofort 3 EL Butter in einer Pfanne erhitzen und aus der Masse Frikadellen formen. Von beiden Seiten braun braten. Den Bratensud darübergeben.

FRIKADELLEN
in mehreren Variationen

Ob Frikadelle, Bulette, Fleischpflanzerl, Fleischkücherl, Fleischlaberl oder Fleischvogel: So unterschiedlich die regionalen Bezeichnungen für die flachen gebratenen Hackfleischklößchen sind, so unterschiedlich sind auch die Möglichkeiten ihrer Zubereitung.

... mit Bananen, Chili und Kräutern

1 Zwiebel, 2 Knoblauchzehen und 1 Chilischote, 1 Handvoll frische Kräuter (Thymian, Oregano, Koriander und Basilikum) fein hacken. 100 g Semmelbrösel, eine zerdrückte Banane und Hackfleisch damit vermischen. Ca. 30 Minuten ruhen lassen, dann mit Pfeffer, Salz, gemahlenem Koriander, Paprika und etwas Zitronensaft abschmecken. Frikadellen formen und in Olivenöl braten.

... mit Ananas und Gouda

1 fein gehackte Zwiebel mit 1 eingeweichten und gut ausgedrücktem Brötchen, Hackfleisch, 1 Ei, etwas gehackte Minze, Salz und Pfeffer mischen. 8 Frikadellen formen und in 2 EL Butter anbraten. 8 Scheiben Ananas ebenfalls in 2 EL Butter anbraten und auf die Frikadellen legen. Mit je 1 Scheibe Gouda belegen und 3 Minuten im Ofen bei 220 °C überbacken.

... mit Tomaten und Mozzarella

1 Zwiebel und 3 getrocknete eingelegte Tomaten fein würfeln. Mit Hackfleisch, 1 Ei, 1 eingeweichten Brötchen, 1 TL Pizzagewürz, Salz und Pfeffer mischen, 8 Frikadellen formen. Auf jeder Seite 4 Minuten braten, auf ein Backblech legen. Je 1 Tomaten- und 1 Mozzarellascheibe auf die Frikadellen legen. 8-10 Minuten bei 200 °C überbacken.

... mit Feta, Parmesan und Knoblauch

Hackfleisch mit 2 fein gewürfelten Zwiebeln, 200 g geriebenem Parmesan, 150 g zerkrümeltem Feta, 1 fein gewürfelten Tomate, 1 Ei, 4 TL Brühe, 3 durchgepressten Knoblauchzehen, Salz und Pfeffer gut durchkneten. 50 g Parmesan mit 50 g Paniermehl mischen, Frikadellen darin wälzen, braun braten.

HACKFLEISCH INFO

Hackfleisch (Hack, Gehacktes) ist von groben Sehnen befreites und zerkleinertes Muskelfleisch vom Schwein oder vom Rind. Es unterscheidet sich vom Tatar durch seinen Fettgehalt, denn Tatar

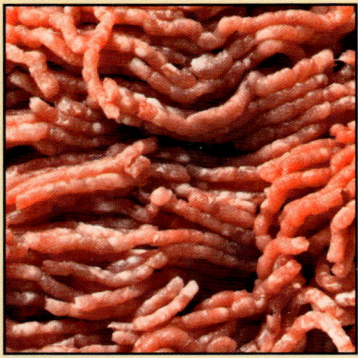

darf gar kein Fett enthalten und darf außerdem nur vom Rind stammen. Mett wird zubereitetes Hackfleisch oder Tatar genannt, dem Salz, Zwiebeln und andere Zutaten und Gewürze zugegeben wurden.

OFENKARTOFFEL INFO

Zum klassischen Hackbraten passen Beilagen, die dem deftigen Geschmack des Bratens gewachsen sind, zum Beispiel Kartoffeln. Nutzen Sie doch die Wärme des

Ofens aus und bereiten sie auf einem Blech **Ofenkartoffeln** zu. Dazu halbieren Sie die gut gewaschenen und sauber gebürsteten Kartoffeln, legen sie mit der Schnittfläche auf ein gut eingeöltes Blech und bepinseln die Oberflächen mit Pflanzenöl. Dann geben Sie etwas Salz über die Kartoffeln und weitere Gewürze nach Belieben, z. B. Paprika oder Rosmarin. Schieben Sie das Blech zusammen mit dem Braten in den Ofen, ca. 45 Minuten bei Umluft backen.

Zutaten für 4 Personen

1	*Brötchen vom Vortag*
2	*Zwiebeln, fein gehackt*
1	*Knoblauchzehe, durchgepresst*
400 g	*Rindergehacktes*
400 g	*Schweinegehacktes*
50 g	*Kalbsbrät*
2	*Eier*
	Salz
	Pfeffer
1 TL	*Thymian*
1 TL	*Rosmarin*
3 EL	*Öl zum Braten*
500 ml	*Brühe*
1	*Möhre, klein geschnitten*

Schritt für Schritt

Brötchen einweichen. Ausdrücken und mit einer Zwiebel, Knoblauch, Hackfleisch, Kalbsbrät, Eiern und Gewürzen mischen.

Brühe zusammen mit der Möhre und der restlichen Zwiebel in einen Bräter füllen.

Mit angefeuchteten Händen zu einem runden, leicht abgeflachten Hackbraten formen.

Hackbraten hineingeben und im Ofen ca. 45 - 60 Minuten bei 180 °C garen.

In der Pfanne mit dem Öl kurz (ca. je 1 Minute) auf allen Seiten anbraten.

Während des Garens den Hackbraten mehrmals wenden und mit Flüssigkeit übergießen.

HACKBRATEN
mit Knoblauch, Thymian und Rosmarin

SAUCEN
zum Hackbraten

Zum einfachen Hackbraten passen diese klassischen Saucen - ob Sahne-, Zwiebel- oder Tomatensauce - sehr gut. Aber auch aus so manchen hier vorgeschlagenen Variationen machen Sie deftige Leckereien.

Würzige Tomaten-Pilz-Sauce

Frische Pilze (Champignons, Austernpilze etc.), Tomaten und Zwiebeln klein schneiden. In Olivenöl andünsten, mit Gemüsebrühe ablöschen. Kerbel und Dill dazugeben, mit Salz und Pfeffer würzen und andicken. Passt gut zu Hackbraten mit Schafskäse und zum falschen Hasen.

Deftige Zwiebelsauce

In Ringe geschnittene Zwiebeln, gewürfelten Schinken, gewürfelten Sellerie und in Spalten geschnittene Tomaten in Olivenöl andünsten. Fleischbrühe angießen, einkochen, mit Thymian, Salz, Pfeffer und Muskat würzen, andicken. Passt gut zu Hackbraten mit Rosmarin und Thymian, mit Schafskäse und zum falschen Hasen.

Mandel-Tomaten-Sauce

Ganze Knoblauchzehe in Butter anbraten, Milch und gemahlene Mandeln damit aufkochen. Bratensauce und Tomatenmark mitkochen, mit Kräutern abschmecken. Passt gut zu Hackbraten mit Rosmarin und Thymian, mit Schafskäse und zum falschen Hasen.

HACKBRATEN
in mehrere

Das macht den Hackbraten so beliebt: Er schmeckt fast wie ein richtiger Braten, ist aber einfacher und schneller zuzubereiten und außerdem preisgünstiger. Damit ist er der ideale Braten für die Alltagsküche. Zubereiten können Sie ihn mit gemischtem Hackfleisch oder mit reinem Rinder- oder Schweinegehacktem. Der Hackbraten wird aus dem Hackfleisch

... mit Schafskäse, Paprika und Nüssen

200 g Schafskäse und 1 kleine rote Paprika würfeln. Paprika, 3 EL grob gehackte Haselnüsse und 2/3 des Schafskäses unter den Hackbratenteig heben. Einen Braten formen und im Bräter von allen Seiten anbraten, dann im Ofen ca. 45 Minuten bei 180 °C garen. Den übrigen Schafskäse über den Braten geben und weitere 15 Minuten braten.

... mit Banane, Mandeln und Pfeffer

Den Hackfleischteig in einer Auflaufform flach drücken, 1 geschälte Banane und 2 EL Mandelblättchen hineingeben, gut pfeffern, mit dem Fleischteig umhüllen und zu einem ovalen Laib formen. Von allen Seiten in einem Bräter anbraten und in ca. 1 Stunde bei 180 °C fertig braten.

V a r i a t i o n e n

geformt, das man wie einen richtigen Teig behandeln kann: Die Würzzutaten werden unter den Teig gemischt, andere klein geschnittene Zutaten kommen als Beigaben mit hinein oder man packt sie gleich ungeschnitten in den Teig, wie z. B. beim falschen Hasen, der ganze, hart gekochte Eier „im Bauch trägt".

... mit Roquefort und Birnen

250 g Roquefort fein zerbröseln und zu dem Hackbratenteig geben, salzen. Zu einem Braten formen und von allen Seiten anbraten. 3 halbierte Birnen zusammen mit ca. 250 ml trockenen Weißwein in den Bräter geben. Den Hackbraten mit den Birnen ca. 1 Stunde bei 180 °C braten.

... mit Eiern, Senf und Petersilie (falscher Hase)

Die Hälfte des Hackbratenteiges in eine Auflaufform füllen. In die Mitte 4 hart gekochte Eier legen, mit etwas Senf bestreichen und 3 EL fein gehackte Petersilie darüberstreuen. Den restlichen Teig daraufstreichen, mit Butterflöckchen belegen. Bei 180 °C 45 Minuten in der geschlossenen Auflaufform backen, dann weitere 15 Minuten ohne Deckel backen.

BEILAGEN
zum Hackbraten

Diese drei Saucenideen ergänzen den klassischen Hackbraten ebenfalls sehr gut - entscheiden Sie, was Ihnen am liebsten ist. Oder probieren Sie sie wie hier vorgeschlagen zu den Variationen aus.

Brokkoli mit Käsesauce

600 g Brokkoliröschen bissfest garen, salzen. 100 g Sahne, 100 ml Gemüsebrühe aufkochen, etwas einkochen und 50 geriebenen Käse unterheben. Mit Salz und Pfeffer abschmecken. Über den Brokkoli geben.

Buttergemüse

Je 200 g aufgetaute TK-Erbsen und Möhren in der Pfanne in 4 El Butter etwa 3-4 Minuten schmoren. Mit Salz und Pfeffer abschmecken. Mit Butterflöckchen servieren.

Geschmorte Rote Bete

400 g gekochte Rote Bete in kleine Würfel schneiden. 1 geschälte und gehackte Zwiebel in einer Pfanne in 2 El Butter glasig schmoren. Die Rote Bete zugeben und kurz im Fett schwenken. Mit Salz und Pfeffer würzen.

HAMBURGER
mit Zwiebel, Tomate und Gewürzgurke

INFO

Andere Länder, andere **Fritten**. In Frankreich schwört man auf strohhalmdünne „Pommes pilles", streichholzartige „Allumettes", kastenförmige „Pont Neufs" und gewaffelte „Gauffrettes"-Scheiben, Spanier bereiten ihre Pommes mit Olivenöl zu. In den USA kann man sich an Riesen-Pommes und „Texas fries" mehr als satt essen. Bei uns gibt es eine große Auswahl, von dünn bis dick, von gerade bis gewellt. Durch die gewellte Oberfläche sind die Exemplare besonders knusprig.

Zutaten für 4 Personen

400 g	*Hackfleisch*
	Salz
	Pfeffer
3 EL	*Öl*
4	*Sesambrötchen*
2 TL	*Mayonnaise*
4	*Salatblätter*
3	*Tomaten, in dünne Scheiben geschnitten*
1	*rote Zwiebel, in Ringe geschnitten*
2	*Gewürzgurken, in dünne Scheiben geschnitten*
1 TL	*Senf*
1 TL	*Ketchup*

Schritt für Schritt

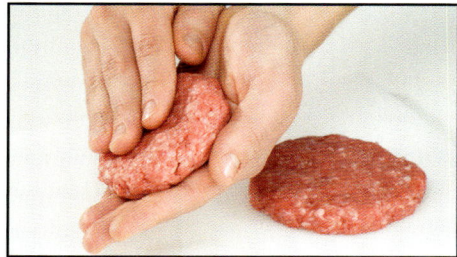

Hackfleisch salzen, pfeffern und mit angefeuchteten Händen 4 flache Burger aus der Masse formen.

Im heißen Öl von beiden Seiten kräftig braten, bis sie knusprig braun sind.

Brötchen aufschneiden und die Innenflächen in der Pfanne ohne Fett leicht toasten, dabei nicht bräunen lassen.

Untere Brötchenhälfte jeweils mit Mayonnaise bestreichen, mit Salat, Tomaten, Zwiebeln, Gurken und Burger belegen.

Die obere Brötchenhälfte mit Senf und Ketchup bestreichen, auf den Burger legen.

Beilage

Pommes sind natürlich die klassische Begleitung zum Hamburger. Für die fettarme Backofenvariante frittieren Sie die Pommes nicht, sondern probieren es vielleicht einmal nach folgendem Rezept: 6 Kartoffeln schälen und in Stifte schneiden. In einer Plastiktüte mit 1 TL Öl gut durchschütteln, dann die Kartoffeln auf einem Backblech verteilen und im Ofen bei 180 °C ca. 20 Minuten backen.

Salat

Super dazu: **Salat mit amerikanischen Cocktail-Dressing**. Für das Dressing einfach 1 TL Salz, 2 TL Zucker, 1 TL Senf, 2 EL Tomatenketchup, 4 EL Dosenmilch bzw. Kaffeesahne, 2 EL Rotweinessig und 6 EL Pflanzenöl vermischen.

Locker unter gewaschenen und in Stücke gezupften grünen Salat heben. Wer möchte, kann klein geschnittene Tomaten, Salatgurken, Radieschen und vieles mehr mit hineingeben.

HACKFLEISCH

SAUCEN
zu Hamburgern

An den Rezeptvariationen sehen Sie schon: Erlaubt ist, was gefällt - aber ohne Saucen geht es nicht. Mindestens eine der drei Geschmackgeber Ketchup, Mayonnaise und Senf ist immer dabei. Mehr geht natürlich immer, deshalb noch ein weiterer Saucenvorschlag für dazwischen oder daneben. Und wenn es mal nicht nur lecker, sondern auch gesund sein soll, dann machen Sie Ketchup selbst.

Ahornsirup-Barbecue-Sauce
Zwiebelwürfel glasig braten. Barbecuesauce, Ahornsirup, Weinessig und braunen Zucker einrühren, nach Geschmack mit Tabasco würzen, 2 Minuten unter Rühren köcheln. Passt gut zum klassischen Hamburger und zu Hamburgern mit Röstzwiebeln.

Selbst gemachtes Ketchup
Tomaten- und Zwiebelwürfel mit Weinessig, Zucker, Salz, Paprikapulver, Pfefferkörnern, Nelken, Muskat und Tabasco 20 Minuten köcheln, dann pürieren und noch heiß in Flaschen füllen. 4 Wochen ziehen lassen.

... mit Käse, Champignons und Frühstücksspeck
12 Scheiben Frühstücksspeck kross braten, 100 g Champignons in Scheiben kurz darin anbraten. Burger ebenfalls im Speckfett braten. Brötchenhälften mit Mayonnaise bestreichen, untere Hälften mit Burger und je 1 Goudascheibe belegen, kurz unter dem Grill überbacken. Dann mit Salat, Tomatenscheiben, Speck und Pilzen belegen, mit der oberen Brötchenhälfte schließen.

... mit Spiegelei, Ananas und Roter Bete
Das Hackfleisch mit 200 g klein geschnittenem Speck, 1 Ei, Salz und Pfeffer mischen. Burger daraus braten, in der Pfanne 4 Spiegeleier zubereiten. Brötchenhälften mit Ketchup, Mayonnaise und Senf bestreichen, mit je 1 Scheibe Gouda, Zwiebelringen, Tomatenscheiben, je 1 Salatblatt, 1 Scheibe eingelegter Roter Bete, 1 Scheibe Ananas und 1 Spiegelei belegen.

HAMBURGER
in mehreren Variationen

Als „Hamburger" oder „Beefburger" im Handel angebotene Fleischscheiben dürfen offiziell nur
aus grob entsehntem Rindfleisch hergestellt werden und höchstens Salz und Gewürze enthalten.
Weitere Zutaten sind nicht erlaubt. Sie können es halten, wie Sie wollen!

... mit Mohnbrötchen und Gemüsezwiebeln

4 Mohnbrötchen leicht toasten, beide Hälften mit Ketchup bestreichen. Darauf in Ringe geschnittene Gemüsezwiebeln, dann
den Burger geben, anschließend je 1 Blatt Eisbergsalat und zum
Schluss die obere Brötchenhälfte darauflegen.

... mit Milchbrötchen, Salatgurke und Röstzwiebeln

2 Zwiebeln in Würfel schneiden und in Fett dunkel und knusprig rösten. 4 Milchbrötchen aufschneiden. Die unteren Hälften
jeweils mit Ketchup und Mayonnaise bestreichen. Darauf 1/2 in
Scheiben geschnittene Salatgurke, anschließend die Röstwie-
beln, die Burger, je 1 Salatblatt und zuletzt die obere Brötchenhälfte legen.

... mit Mozzarella und Frühlingszwiebeln

1 Mozzarella in dünne Scheiben schneiden, 4 Gewürzgurken
und 6 Cherrytomaten ebenfalls in dünne Scheiben und 3 Frühlingszwiebeln in Ringe schneiden. Brötchen halbieren, innen mit
einer Mischung aus Ketchup, Mayonnaise und Senf bestreichen.
Mit den Zutaten und 1 Eisbergsalatblatt-Stückchen belegen.

... mit Whisky, Worcestersauce und Chester

Hackfleisch, 1 fein gewürfelte Zwiebel, 1 durchgepresste Knoblauchzehe, 1 TL Whisky und 1 EL Worcestersauce mischen. Mit
Salz, Pfeffer, Paprika und Muskat abschmecken. 4 Burger braten,
kurz bevor die zweite Seite fertig ist, je 1 Scheibe Chesterkäse
auf den Burgern schmelzen lassen. Brötchenhälfte mit Ketchup
und Mayonnaise bestreichen, Burger daraufgeben, belegen.

PAPRIKA INFO

Zum Füllen eignen sich alle **Pa-prikasorten**, die einen genügend großen Hohlraum bieten. Es gibt über tausend verschiedene Sorten, die Sie natürlich nicht alle

im Handel bekommen können. Sie unterscheiden sich in Form, Farbe, Geschmack und Schärfegrad.

Zu der Familie der **Paprika** gehören auch die feuerscharfen Chili und die etwas weniger scharfen Peperoni. Die bei uns meistens erhältlichen Gemüse- oder Blockpaprika in Grün, Rot, Orange und Gelb sind sehr mild und eignen sich hervorragend. Die grüne Variante ist einfach nur eine unreif geerntete Frucht, die im reifem Zustand rot ist.

Weiterhin sind längliche **Spitzpaprika** in Rot, Gelb und Weiß und sogenannte weiße Paprika bei uns erhältlich.

Zutaten für 4 Personen

150 g	*Reis*
8	*Paprikaschoten, rot, gelb und grün*
1	*Brötchen vom Vortag*
500 g	*Hackfleisch*
3	*Knoblauchzehen, durchgepresst*
	Salz
	Pfeffer
	Majoran
	Tomatensauce (siehe Beilagenrezept)

Schritt für Schritt

Reis kochen, abkühlen lassen. Von den Paprika einen Deckel abschneiden. Weiße Häute herausschneiden, Kerne entfernen.

Masse in die Paprikaschoten füllen, die abgeschnittenen Deckel aufsetzen.

Brötchen in Wasser einweichen, bis es weich ist, gut ausdrücken und zerpflücken.

In einer feuerfesten Form mit Tomatensauce übergießen.

Hackfleisch, Reis, Brötchen, Knoblauch, Salz, Pfeffer und Majoran mischen.

Bei 160 °C im Ofen 40-50 Minuten abgedeckt dünsten.

HACKFLEISCHFÜLLUNG
mit Reis für Paprika

SAUCEN
zu Hackfleisch

Mit Hackfleisch gefüllter Teig oder Gemüse macht eine würzige Sauce zu einem köstlichen Schlemmergericht. Probieren Sie die Saucen zu diesen Variationen einfach aus.

Tomatensauce
Aus Dosentomaten, Gemüsebrühe und 1 gehackten und in Butter glasig geschmorten Zwiebel eine sämige Tomatensauce kochen. Mit Salz und Pfeffer würzen.

Knoblauch-Petersilien-Sauce
Öl erhitzen, in feine Scheiben geschnittenen Knoblauch darin ohne Farbe andünsten. Gehackte Petersilie unterrühren. Passt gut zu allen Füllungen.

Grüne Kräutersauce mit Feta
Kräuter wie Kerbel, Petersilie, Dill fein hacken, mit Geflügelbrühe und Crème fraîche verfeinern, gehackten Feta unterheben. Passt gut zu Reis-, Champignon-, Gemüse und Speckfüllung.

HACKFLEISCHFÜLLUNG
in mehrerer

Gemüse, Teig und selbst Fleisch wird gerne mit Hackfleisch gefüllt. Zusammen mit einer leckeren Sauce sind solche Gerichte immer für eine Überraschung gut! Ob Teig, Gemüse, Pfannkuchen oder was immer Ihnen noch einfällt: Auch wenn Sie hier konkrete Vorschläge finden, so können Sie doch jede dieser

... mit Champignons für Teigtaschen
Aus 200 g Mehl, 90 g Butter, 2 Eiern und Salz einen Teig kneten, kühl stellen. 1 gewürfelte Zwiebel, Hackfleisch und 200 g gewürfelte Champignons anbraten, mit Salz, Pfeffer, Thymian und Paprika abschmecken. Aus dem Teig Kreise ausstechen (12 cm Ø), Hackfleisch darauf verteilen und den Teig zusammenklappen. Mit Eigelb bestreichen, 20 Minuten bei 200 °C im Ofen backen.

... mit Speck und Zwiebeln für Kohlrouladen
8 Weißkohlblätter blanchieren. Hackfleisch mit 1 Ei, 1 eingeweichten Brötchen, 1–2 EL Senf, 1 gewürfelten Zwiebel, 2 EL Speck, Salz, Pfeffer und Paprikapulver mischen. Auf den Kohlblättern verteilen, zusammenrollen und fixieren. Anbraten, mit etwas Brühe aufgießen, 30 Minuten schmoren lassen. Mit 200 g Sahne aufgießen, etwas einkochen lassen, salzen und pfeffern.

Variationen

Füllungen für all dies verwenden. Füllen Sie die Hack-Pilz-Füllung in Gemüse oder die Hack-Pinien-kern-Füllung in Teig. Oder denken Sie sich noch ganz andere Kombinationen aus.

... mit Mozzarella und Kräutern für Strudel

Hackfleisch kurz anbraten. 1 kleine Zucchini, 1 Möhre, 1 Früh-lingszwiebel, 1 rote Paprikaschote und 1 Bund frische Kräuter hacken, 1 Mozzarellakugel in kleine Stücke schneiden. Mit Hackfleisch, 2 EL Ajvar und 2 EL Crème fraîche vermischen. 1 Päckchen Blätterteig mit der Füllung belegen und zu einem Strudel zusammenrollen. Bei 200 °C ca. 20 Minuten backen.

... mit Pinienkernen und Sultaninen für Zucchini

1 gewürfelte Zwiebel mit Hackfleisch braten. 50 g Pinienkerne, 50 g Sultaninen, Salz, Pfeffer und 1 TL Zimt mitdünsten. 500 g kleine, halbierte und ausgehöhlte Zucchini damit füllen und in etwas Öl anbraten. 2 EL Tomatenmark dazugeben, mit etwas Wasser auffüllen. 1 durchgepresste Knoblauchzehe und 1 TL getrocknete Minze dazugeben, 1 Stunde köcheln.

DIPS
zu Hackfleisch

Ein würziger Dip, der mit Kräutern und Gewürzen dazu serviert wird, verfeinert die Füllungen für Teig oder Gemüse und bringt eine erfrischende Note.

Tsatsiki-Dip

Salatgurke grob raspeln, mit Salz bestreut 10 Minuten ziehen lassen, anschließend ausdrücken. Mit Joghurt und durchgepressten Knoblauchzehen mischen, mit Salz und Pfeffer abschmecken. Passt gut zu Reis-, Champignon- und Gemüsefüllung.

Tomaten-Basilikum-Dip

Gehackte Zwiebeln und klein geschnittene Tomaten an-schmoren, Brühe oder Wein zugeben, einkochen, mit Salz und Pfeffer würzen, Basilikum unterheben. Passt gut zu Reis-, Champignon- und Gemüsefüllung.

Chili-Kräuter-Dip

Olivenöl mit fein gehackten Schalotten und Knoblauch sowie Chiliflocken oder Harissa verrühren. Frisch gehackten Rosmarin unterheben. Passt gut zu allen Füllungen.

HACKFLEISCHAUFLÄUFE
mit Spirelli, Champignons und Brokkoli

INFO

Ursprünglich wurde **Chicorée** nur wegen seiner Wurzeln und nicht wegen der salatartigen Knospen gezüchtet. Die Entdeckung der kulinarischen Qualitäten dieser Knospen, die nur unter Lichtausschluss weiß und arm an Bitterstoffen bleiben, ist wahrscheinlich nur einem Zufall zu verdanken. Wenn die Knospen im Hellen austreiben und gelagert werden, werden sie grün und schnell bitter. Deshalb werden sie auch im Handel immer in abgedeckten Kisten angeboten. Dennoch sollten Sie die bitteren Teile am Strunk herausschneiden.

Zutaten für 4 Personen

250 g	Spirelli (Spiralnudeln)
500 g	Brokkoli
500 g	Hackfleisch
4	Zwiebeln, fein gewürfelt
250 g	Champignons, in dünne Scheiben geschnitten
1 EL	Öl
70 g	Tomatenmark
200 g	Pizzatomaten
	Salz
	Pfeffer
125 g	Mozzarella, gewürfelt

Schritt für Schritt

Spirelli nach Packungsanweisung garen, Brokkoliröschen etwa 5 Minuten mitgaren. Dann in einem Sieb abgießen.

Hackfleisch, Zwiebeln und Pilze ca. 10 Minuten braten, Tomatenmark und Tomaten zugeben. Aufkochen, salzen, pfeffern.

In einer Auflaufform Nudeln und Hackfleischsauce übereinanderschichten.

Gewürfelten Mozzarella gleichmäßig über den Auflauf streuen.

Im auf 200 °C vorgeheizten Backofen 20–30 Minuten knusprig überbacken.

Beilage

Eigentlich ist so ein Auflauf schon eine vollständige Mahlzeit, die keine weiteren Beilagen braucht. Dennoch ist ein erfrischender und leichter Salat eine schöne Ergänzung zu einem Auflaufgericht. Probieren Sie zum Beispiel einen erfrischenden **Chicorée–Apfel–Salat**: 4 Chicorée und 2 Äpfel in mundgerechte Stücke schneiden und vermischen. Aus 4 EL Walnussöl, Salz, Pfeffer, Curry und 4 EL gehackten Walnüssen ein Dressing anrühren, unter den Salat heben.

Salat

Ebenso erfrischend und einfach zubereitet ist ein **Endiviensalat**. Dazu schneiden Sie einen Kopf Eindiviensalat in feine Streifen, die Sie kurz in warmes Wasser legen, um ihnen die Bitterstoffe zu entziehen. Salat zum Trocknen anschließend gut schleudern. Dann für das Dressing 1 kleine gewürfelte Zwiebel mit 3 EL Öl, 2 EL Essig, 1 Prise Zucker, Salz und Pfeffer mischen. Unter den Salat heben.

HACKFLEISCHAUFLÄUFE
in mehreren Variationen

Deftig mit Kohl, asiatisch angehaucht mit Pfirsich und Curry oder würzig-mild mit Auberginen wie die beliebte griechische Moussaka ... Bei so vielen Möglichkeiten haben Sie die freie Auswahl.

... mit Reis und Pfirsichen

Hackfleisch mit 2 gewürfelten Zwiebeln anbraten, salzen, pfeffern. Mit 200 g gekochtem Reis mischen. 400 g Pfirsiche (Dose) in Spalten abwechselnd mit der Hackfleischmischung in eine Auflaufform schichten, Pfirsiche als obere Schicht. 150 ml Curryketchup mit 150 g Sahne und 100 ml Pfirsichsaft aufkochen, darübergeben. Bei 180 °C 45 Minuten backen.

... mit Weißkohl, Gouda und Kümmel

2 fein gehackte Zwiebeln dünsten. Hackfleisch darin anbraten. Mit Salz, Pfeffer, 1 durchgepressten Knoblauchzehe, Paprika, 1 TL Kümmel und 400 g Weißkohl in Streifen 30 Minuten dünsten. 250 ml Brühe mit 3 EL Tomatenmark, 100 g geriebenem Gouda und einer Mischung aus 3 Eiern, 250 ml Milch und Salz in einer Form darübergeben. Bei 180 °C 45 Minuten backen.

... mit Grünkohl, Kartoffeln und Speck

Hackfleisch mit 2 gewürfelten Zwiebeln anbraten. Je 3 EL Ketchup und Crème fraîche dazugeben. 500 g Grünkohl aus dem Glas abtropfen lassen und mit 600 g klein geschnittenen Kartoffeln vermengen. Erst Grünkohl, dann Hackfleisch in eine Auflaufform schichten. Mit 3 Scheiben Speck belegen. Bei 180 °C 45 Minuten backen.

... mit Süßkartoffeln und Emmentaler

Hackfleisch mit 1 gewürfelten Zwiebel und 1 durchgepressten Knoblauchzehe anbraten, mit 2 EL Tomatenmark, Salz und Pfeffer würzen. 500 g gekochte Süßkartoffeln in Scheiben abwechselnd mit Hackfleisch in eine Auflaufform schichten. 2 Eier mit 200 g Sahne verquirlen, darübergeben. 100 g geriebenen Emmentaler darauf verteilen. Bei 180 °C 45 Minuten backen.

SALATE
zu Aufläufen

Eigentlich ist so ein Auflauf schon eine komplette Mahlzeit, ergänzt mit einen leckeren Salat und liefert jede Menge Vitamine und Mineralstoffe.

Fetasalat mit grüner Paprika
Einfach in Streifen geschnittene grüne Paprikaschote, Zwiebelringe, Fetawürfel und in Streifen gehobelte Salatgurke mit grob gemahlenem Pfeffer, Essig und Öl mischen.

... mit Schupfnudeln, Sauerkraut und Bergkäse
250 g fertige Schupfnudeln in etwas Butter anbraten. 300 g Sauerkraut in etwas Gemüsebrühe dünsten, 1 EL Tomatenmark dazugeben. Hackfleisch salzen, pfeffern und in etwas Öl anbraten. Schupfnudeln mit dem Sauerkraut und dem Hackfleisch in einer Auflaufform mischen. 100 g geriebenen Bergkäse darauf verteilen. Bei 180 °C 45 Minuten backen.

Paprikasalat
Rote und grüne Paprikaschoten in sehr feine Streifen schneiden, Zwiebel in Ringe schneiden. Aus Zitronensaft, Salz, Zucker und Öl eine Marinade mischen und unter Paprika und Zwiebeln heben.

... mit Auberginen, Tomaten und Zimt (Moussaka)
Hackfleisch mit Knoblauch, Salz und Pfeffer mischen. Mit 800 g angebratenen Auberginenscheiben und 200 g gedünsteten Zwiebelwürfeln in eine Form schichten. 250 g Tomaten, 2 gewürfelte Zwiebeln und 1 durchgepresste Knoblauchzehe darübergeben, ebenso eine eingekochte Sauce aus 2 Eigelb, 125 ml Milch, Salz, Pfeffer und 1 TL Zimt. Bei 180 °C 45 Minuten backen.

Rote-Bete-Salat
Eine Marinade aus Essig, Öl, Zucker, Salz, geriebenem Meerrettich, fein gehackter Zwiebel und zerstoßenem Kümmel mischen. Mit geraspelter, gekochter Roter Bete verrühren.

HACKFLEISCHSAUCEN – BOLOGNESE
mit Speck, Möhren und Rotwein

Zutaten für 4 Personen

300 g	*Hackfleisch*
1	*Zwiebel, fein gewürfelt*
1	*Möhre, fein gewürfelt*
1	*Stange Bleichsellerie, fein gehackt*
50 g	*Speck, fein gewürfelt*
30 g	*Butter*
200 ml	*trockener Rotwein*
200 ml	*Fleischbrühe*
2	*Lorbeerblätter*
300 g	*Tomaten*
	Salz
	Pfeffer
	etwas Milch

Schritt für Schritt

Hackfleisch mit Zwiebel, Möhre, Sellerie und Speckwürfeln mischen.

Tomaten heiß überbrühen, schälen, Stielansätze herausschneiden, entkernen, pürieren. In die Sauce rühren.

Hackfleisch in der Butter krümelig braten, dann den Rotwein angießen und einkochen lassen.

Salzen, pfeffern und etwas Milch dazugeben.

Hälfte der Fleischbrühe zugießen, Lorbeerblätter dazugeben, einkochen lassen, nach und nach restliche Brühe angießen.

1 Stunde einkochen lassen (erst dann wird die Sauce schön sämig), bei Bedarf weitere Milch zugießen.

SAUCEN
mit Hackfleisch

Saucen, Saucen, Saucen! Wenn für Sie mit dem Hauptrezept auf Seite 79 und den Variationen noch immer nicht das Passende dabei war, dann finden Sie hier noch drei weitere Anregungen mit Hackfleisch als Saucenzutat.

„Afrikanische" Hackfleischsauce

Hackfleischsauce mit Aprikosenkonfitüre, Curry, Essig, Mandeln und Rosinen abschmecken. Mit Sahne und Crème fraîche verfeinern.

Hackfleischsauce mit Gorgonzola

Zum angebratenen Hackfleisch 100 g zerkrümelten Gorgonzola geben, mit etwas Sahne auffüllen, salzen und pfeffern.

Scharfe Hackfleischsauce

Sauce Bolognese mit Cayennepfeffer und Tabasco abschmecken. Sollte die Sauce zu scharf sein, mit etwas saurer Sahne abmildern.

... mit Mais und Erbsen

1 gewürfelte Zwiebel und 2 durchgepresste Knoblauchzehen anschwitzen. Hackfleisch dazugeben, krümelig braten. Mit Salz, Pfeffer und Paprika würzen, 1 EL Tomatenmark und 1 EL Senf mitrösten. Mit 100 ml Rotwein ablöschen, einige Minuten köcheln lassen. 500 ml Brühe, 75 g Mais (Dose) und 75 g Erbsen (Dose) dazugeben. Aufkochen lassen und andicken.

... mit Sojasauce, saurer Sahne und Schnittlauch

2 fein gehackte Zwiebeln anschwitzen, Hackfleisch darin krümelig braten und unter Rühren bräunen. 2 EL Sojasauce zugeben. Hitze stark reduzieren und 250 g saure Sahne einrühren. Unter Rühren erwärmen, aber nicht kochen. Mit Salz und Pfeffer nach Wunsch abschmecken. 1 Bund Schnittlauch in Röllchen darüberstreuen.

HACKFLEISCHSAUCEN
in mehreren Variationen

In den folgenden Hackfleischsaucen finden sich viele Länderküchen wieder: Asiatische, griechische, türkische ... Sie sehen: Hackfleisch wird einfach überall geschätzt. Hier finden Sie nicht nur sechs Variationen, sondern auch drei weitere Anregungen für Saucen.

... mit roten Linsen, Tomaten und Paprika

1 fein gehackte Zwiebel und 2 durchgepresste Knoblauchzehen glasig dünsten. Hackfleisch dazugeben, unter Rühren krümelig braten. 500 g passierte Tomaten, 1 gewürfelte grüne Paprika und 150 g Linsen dazugeben, zugedeckt etwa 15 Minuten garen lassen. Mit Salz, Pfeffer, Paprikapulver und Cayennepfeffer abschmecken.

... mit Spinat und Parmesan

300 g Spinat blanchieren, abschrecken und abtropfen lassen. 2 fein gewürfelte Schalotten und 1 durchgepresste Knoblauchzehe glasig dünsten, Hackfleisch anbraten. 500 g Tomaten (Dose) mit Spinat, 1 EL Tomatenmark und 1 TL Oregano unterrühren und 10 Minuten kochen. Mit Tabasco, Pfeffer, Salz und Zucker abschmecken, 2 EL geriebenen Parmesan unterrühren.

... mit Koriander, Minze und Kreuzkümmel

1 fein gewürfelte Zwiebel anschwitzen, Hackfleisch krümelig braten und unter Rühren bräunen. 2 EL Kreuzkümmel, 1 TL Paprika und 1/2 TL Koriander hineingeben, kräftig rühren. 4 EL Tomatenmark in der Pfanne anrösten, mit 500 ml Brühe ablöschen. 1 Lorbeerblatt, Zucker, Salz, Pfeffer, Zimt und 1/2 TL Curry zufügen. Klein gezupfte Minzeblättchen von 3 Zweigen unterrühren.

... mit Feta und Kidneybohnen

Hackfleisch krümelig anbraten, mit Salz und Pfeffer würzen. 100 g fein zerkrümelten Feta und 1 Tube Tomatenmark dazugeben, einige Minuten köcheln. Dann 500 g passierte Tomaten und 1 Dose Kidneybohnen dazugeben, weitere 10 Minuten köcheln. Anschließend 2-3 EL Sahne dazugeben und abschmecken.

PFEFFER INFO

Pfeffer ist vermutlich das wichtigste Gewürz in den Küchen der Welt - so wichtig, das in vergangenen Zeiten schon Kriege wegen der scharfen Zutat entbrannten. Die wichtigsten Pfeffersorten in der Küche sind:

Weißer Pfeffer ist sehr mild, da die schwarze Schale durch Fermentation entfernt wurde.

Grüner Pfeffer wird unreif geerntet, meist in Essig eingelegt oder mit besonderem Verfahren schnell getrocknet, damit er seine Farbe behält.

Roter Pfeffer besteht aus reifen, ungeschälten Pfefferfrüchten und wird meist ähnlich wie auch der grüne Pfeffer in salzige oder saure Laken eingelegt.

Schwarzer Pfeffer ist die unreif geerntete und getrocknete ganze Frucht mit dem Fruchtfleisch, das seine Schärfe ausmacht.

Szechuanpfeffer stammt von Gelbholzbäumen und hat seinen Namen von der chinesischen Provinz Szechuan.

Zutaten für 4 Personen

500 g	*Kartoffeln, geschält und gewürfelt*
3 EL	*Öl*
	Salz
	etwas Brühe
500 g	*Hackfleisch*
200 g	*gekochter Schinken, in Streifen geschnitten*
6	*Gewürzgurken, in kleine Würfel geschnitten*
150 g	*Senf*
200 ml	*Crème fraîche*
1/2	*Schnittlauchbund in Röllchen*
	Pfeffer

Schritt für Schritt

Kartoffelwürfel in Öl mit etwas Salz leicht knusprig anbraten.

Schinken dazugeben und mitbraten. Gurken und Kartoffeln hinzufügen und ebenfalls mitbraten.

Etwas Brühe angießen und mit Deckel ca. 10 Minuten köcheln lassen.

Senf und Crème fraîche einrühren und so lange braten, bis sich am Pfannenboden eine Kruste bildet.

Hackfleisch in einer Pfanne ohne Öl krümelig und trocken braten.

Mit frisch gemahlenem Pfeffer und Schnittlauchröllchen servieren.

HACKFLEISCHPFANNE
mit Kartoffeln und gekochtem Schinken

HACKFLEISCHPFANNEN
in mehreren Variationen

Hackfleischpfannen sind ideal für die schnelle Küche, sie sind wirklich ruck-zuck fertig. Auch bei den Beilagen muss man keinen großen Aufwand betreiben: etwas frisches Brot, und die Mahlzeit ist perfekt.

... mit grünem Paprika und Erbsen

2 fein gewürfelte Zwiebeln und 1 durchgepresste Knoblauchzehe mit dem Hackfleisch krümelig braten. Mit 50 ml Weißwein ablöschen, mit 1 EL Paprikapulver, Salz, Pfeffer, Majoran und Thymian würzen. 50 g Tomatenmark, 500 g Tomaten aus der Dose, 3 klein geschnittene Möhren, 3 gewürfelte grüne Paprika und 100 g Erbsen zugeben und in 10 – 15 Minuten garen.

... mit Auberginen, Tomaten und Champignons

Hackfleisch mit je 2 fein gewürfelten Zwiebeln und Lauchzwiebeln in 5 EL Knoblauchbutter krümelig anbraten. 5 gewürfelte Kartoffeln, 500 g gewürfelte Auberginen und 100 g kleine Champignons dazugeben, 10 – 15 Minuten kochen. 300 g gewürfelte Tomaten, 1 EL Tomatenmark, Salz, Pfeffer, Paprika und Majoran zugeben, nochmals 10 Minuten köcheln, abschmecken.

... mit Reis, Pfirsichen und Lauch

Hackfleisch mit 1 fein gewürfelten Zwiebel krümelig braten, mit Salz und Zitronenpfeffer abschmecken. 1 in Ringe geschnittene Lauchstange dazugeben, mitdünsten. Dann 250 ml Brühe und 250 g Pfirsichspalten (Dose) dazugeben, bei schwacher Hitze garen. 200 g Crème fraîche mit 2-3 EL Pfirsichsaft verrühren. 200 g gekochten Reis und Crème fraîche unterrühren.

... mit Zucchini, rotem Paprika und Chorizo

Hackfleisch krümelig anbraten, mit Salz und Pfeffer würzen. Je 300 g grob gewürfelte Zucchini, rote Paprika und Kartoffeln, 1 gewürfelte Zwiebel, 1 durchgepresste Knoblauchzehe und 150 g Chorizo dazugeben. Mit 250 ml Brühe ablöschen, 1 TL gemischte Kräuter unterrühren und bei mittlerer Hitze ca. 15 Minuten garen. Mit Salz, Pfeffer und 4 EL Sahne abschmecken.

DIPS
zu Pfannengerichten

Besonders lecker schmeckt zu den deftigen Hackfleischgerichten ein erfrischender Joghurt-Quark-Dip, für den Sie hier zwei Variationen mit Käse und Gemüse finden. Je nach Geschmack können Sie natürlich auch andere Zutaten wählen, wie etwa Knoblauch, Stangensellerie oder Meerrettich.

Joghurt-Quark-Dip mit Gorgonzola

Joghurt, Quark und saure Sahne mit Salz und Pfeffer verrühren. Mit 100 g fein zerkrümeltem Gorgonzola, 2 EL Schnittlauchröllchen und 1 TL Paprikapulver mischen. Passt gut zu Hackfleischpfannen mit Kartoffeln und Gewürzgurken, Paprika und Erbsen, Reis und Pfirsichen sowie Weißkohl und Sellerie. Besonders cremig wird der Joghurt-Dip, wenn Sie ihn mit Crème fraîche zubereiten.

....mit Brokkoli, Bohnen und Linsen

Je 100 g Brokkoliröschen und grüne Bohnen kurz blanchieren. Mit 1 in Streifen geschnittenen roten Paprikaschote in 1 EL Öl andünsten. 100 g klein geschnittene Champignons zugeben. Mit Salz und Pfeffer würzen. Aus der Pfanne nehmen, Hackfleisch darin braten. Gemüse und 200 g gekochte braune Linsen unterheben.

Joghurt-Quark-Dip mit Salatgurke und Tomate

Joghurt, Quark und saure Sahne mit Salz und Pfeffer verrühren. Mit 1/4 geschälten und fein gewürfelten Salatgurke und 1 gewürfelten Tomate verfeinern. Passt gut zu Hackfleischpfannen mit Paprika und Erbsen, Auberginen und Tomaten, Fenchel und Speck sowie Zucchini und Chorizo. Statt der frischen Tomate können Sie auch 1-2 fein gehackte getrocknete Tomaten in den Dip rühren.

... mit Weißkohl, Sellerie und Spirelli

Je 250 g in Streifen geschnittenen Weißkohl und 100 g Knollensellerie in 2 EL Öl ca. 5 Minuten kurz anschwitzen. Mit Salz und Pfeffer würzen, aus der Pfanne nehmen, darin das Hackfleisch krümelig anbraten, salzen. 250 g Spirelli bissfest garen, unter die Gemüse-Fleisch-Mischung heben. Mit chinesischer Gewürzmischung und 4 EL Sojasauce abschmecken.

BRATEN UND GESCHMORTES

Für diese Rezepte sollten Sie sich etwas Zeit nehmen.

Es dauert schon ein paar Stunden, bis ein Braten im Backofen oder auf dem Herd gegart ist oder ein deftiges Schmorfleisch oder Ragout in Sauce butterzart geworden ist.

Das bedeutet aber nicht zwangsläufig mehr Arbeit, sondern einfach eine längere Wartezeit, die Sie mit der Zubereitung von Beilagen gut füllen können.

Dafür werden Sie am Schluss mit einen köstlichen Gericht belohnt!

ROASTBEEF

mit Zwiebeln, Knoblauch und Senf

INFO

Meerrettich ist eines der schärfsten Gewürze, die wir kennen. Pur verzehrt treibt einem die Wurzel die Tränen in die Augen, gut dosiert ergänzt Meerrettich aber viele Fleisch-, Fisch- und Eiergerichte perfekt. Wenn Sie ihn Gerichten zufügen wollen, dann achten Sie darauf, dass er nicht mitgekocht wird. Meistens serviert man ihn aber getrennt dazu, z. B. als Meerrettichsahne oder -butter. Sehr gut macht sich auch die Kombination mit Äpfeln als Apfelmeerrettich.

Zutaten für 4 Personen

800 g	Roastbeef
1 große	Zwiebel, fein gerieben
1	Knoblauchzehe, durchgepresst
1 Bund	Petersilie, fein gehackt
1 TL	Thymian, fein gehackt
1 TL	Rosmarin, fein gehackt
1 TL	scharfer Senf
4 EL	Öl
	Salz
	Pfeffer

Schritt für Schritt

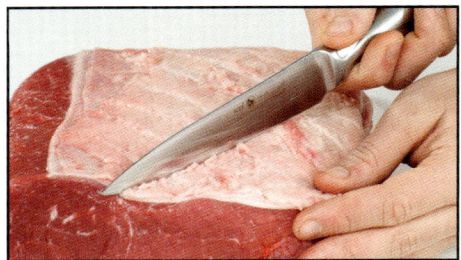

Die Fettschicht des Roastbeefs rautenförmig mit einem scharfen Messer einschneiden.

Zwiebel, Knoblauch und Kräuter mit Senf, 1 EL Öl, Salz und Pfeffer mischen.

Den Backofen auf 250 °C vorheizen. Restliches Öl in eine Pfanne geben und das Fleisch auf dem Herd darin anbraten.

Roastbeef mit der Fettseite nach oben etwa 40 Minuten im Backofen bei 180 °C braten.

15 Minuten in Alufolie gewickelt im ausgeschalteten Ofen ruhen lassen.

Beilage

Kartoffeln - zum Beispiel **Dauphinekartoffeln** - passen bestens zum Roastbeef: Dafür 125 ml Wasser mit 40 g Butter, etwas Salz und Muskat aufkochen, dann vom Herd nehmen. 75 g Mehl dazugeben, wieder auf den Herd stellen und rühren, bis sich ein Kloß bildet. 4 Eigelb und gepresste Pellkartoffeln unterrühren. Nocken davon abstechen und diese goldgelb frittieren.

Dip

Zum Roastbeef passt **Meerrettichsahne** perfekt. Am besten, Sie verwenden frischen Meerrettich, ca. 150 g für die gleiche Menge Sahne. Schälen Sie den Meerrettich und reiben Sie ihn fein. Schlagen Sie die Sahne steif und mischen Sie den Meerrettich darunter. Mit Salz und Pfeffer abschmecken - fertig! Reichen Sie den Sahnemeerrettich zu den möglichst dünn geschnittenen Bratenscheiben.

SAUCEN
zu Roastbeef

Ihnen fehlt noch die passende Sauce zum Roastbeef? Hier finden Sie ein paar beliebte Saucen, die zu vielen der Variationen passen. Wenn Sie als Saucenbasis keinen Bratensatz haben, dann bereiten Sie als Grundlage eine dunkle Sauce zu.

Paprika-Pfeffer-Sauce
Paprikastreifen und Zwiebelringe weich dünsten. Aus dem Bratensud, wenn vorhanden, und Butterflöckchen eine Bratensauce, sonst eine dunkle Sauce herstellen, eingelegte grüne Pfefferkörner hineingeben. Passt gut zu Roastbeef mit Zwiebeln und Knoblauch, mit Salzkruste, mit Gouda und Tomate sowie mit Gemüsezwiebeln und Tomatenmark.

Honig-Senf-Sauce
Zu gleichen Teilen Honig und körnigen Dijonsenf miteinander verrühren. Sehr fein gehackten frischen Thymian zugeben und mit Mayonnaise mischen.

Bratensauce mit Crème fraiche
Bratensatz, wenn vorhanden, in der Pfanne mit wenig Wasser loskochen, in einen Topf geben. Bratensatz oder dunkle Sauce mit Crème fraîche verfeinern, aufkochen und mit Mehl binden, mit Salz und Pfeffer würzen. Passt gut zu allen Variationen.

ROASTBEEF
in mehrere

Besonders saftig bleibt das Fleisch, wenn Sie es in einer dicken Salzkruste verpackt im Ofen garen. Das Fleisch wird so auch schön zart. Wenn Sie es lieber mit knuspriger Kruste mögen, finden Sie hier auch verlockende Vorschläge. Roastbeef als ganzes, großes Bratenstück kann man übrigens auf gleiche Weise

... mit Salzkruste
150 g Salz und 250 g Mehl mischen, mit Wasser verrühren. Im Kühlschrank 20 Minuten ruhen lassen. Fleisch mit Pfeffer und 2 zerdrückten Knoblauchzehen einreiben, mit je 2 Thymian- und Rosmarinzweigen belegen. Im ausgerollten Salzteig verpacken, mit einer Gabel einstechen. Bei 200 °C 40 Minuten backen, Hitze auf 180 °C reduzieren und weitere 20 Minuten backen.

... mit Gemüsezwiebeln und Tomatenmark
Fleisch mit Salz und Pfeffer würzen. Von beiden Seiten scharf anbraten, dann in eine Auflaufform geben. 600 g Gemüsezwiebelringe anbraten und darübergeben. 1 EL Tomatenmark im Bratensatz rösten, etwas Wasser zugeben. Über das Roastbeef geben, abdecken. Bei 200 °C 45 - 50 Minuten im Backofen garen.

'ariationen

wie Lammkeulen zubereiten. Probieren Sie doch auch mal die schmackhaften Lammkeulen-Rezepte auf den Seiten 120-123 dafür aus!

... mit Gouda und Tomate

Fleisch mit Salz und Pfeffer einreiben, auf den Rost legen. Je 1 gewürfelte rote Zwiebel und Fleischtomate mit 250 ml Wasser in die Fettpfanne füllen. Rost und Fettpfanne für 40 Minuten bei 200 °C in den Ofen geben. 1 fein gewürfelte Zwiebel glasig dünsten, mit 200 g geriebenem Gouda, 1 Ei und gehackter Petersilie verrühren, auf das Fleisch streichen. 6 Minuten überbacken.

... mit Rindermark, Knoblauch und Kräutern

20 g Rindermark und 1 Knoblauchzehe pürieren und mit je 1 TL Majoran, Rosmarin, Salbei und Thymian mischen. Fleisch damit bestreichen und in Frischhaltefolie eingepackt über Nacht kühl stellen. Salzen und pfeffern, in der Fettpfanne mit 2 EL Semmelbröseln bestreuen. 40 Minuten bei 200 °C braten, noch 10 Minuten bei 80 °C im Ofen ruhen lassen.

SAUCEN
zu Roastbeef

Deftig mit Rotwein, mit Senf und Apfel oder mit Sherry: Diese Saucen sind einfach köstlich!

Rotwein-Preiselbeer-Sauce

Möhren-, Sellerie-, Lauch- und Zwiebelwürfel mit dem Fleisch mitrösten (oder ohne Fleisch in Butter rösten), mit Rotwein und Fleischbrühe aufgießen. Wacholderbeeren, Pfefferkörner, Lorbeer, Rosmarin, saure Sahne und Preiselbeeren dazugeben. Passt gut zu Roastbeef mit Zwiebeln und Knoblauch sowie mit Salzkruste.

Senf-Sahne-Apfel-Sauce

Senf im Bratensaft oder dunkler Sauce mit Zwiebel- und Apfelwürfeln schmoren. Mit Sahne und Zitronensaft abschmecken. Passt gut zu Roastbeef mit Zwiebeln und Knoblauch, mit Salzkruste sowie mit Rindermark und Kräutern.

Sherry-Sahne-Sauce

Eier mit Sahne und Sherry verquirlen, etwas einkochen. Mit Muskat und Salz würzen. Passt gut zu Roastbeef mit Zwiebeln und Knoblauch, mit Salzkruste sowie mit Rindermark und Kräutern.

RINDERSCHMORBRATEN
mit Möhren, Lauch und Rotwein

Zutaten für 4 Personen

1 kg	*Rindfleisch (Keule)*
	Salz
3 EL	*Öl*
3	*Möhren, grob geschnitten*
1 kleine	*Stange Lauch, grob geschnitten*
2	*Zwiebeln, grob geschnitten*
1 Stück	*Bleichsellerie, grob geschnitten*
einige	*Pfefferkörner*
1	*Lorbeerblatt*
250 ml	*Wasser, Brühe oder Rotwein*
	Pfeffer
2 EL	*Butterflöckchen*

INFO

Von Juni bis August und von September bis Dezember hat **Lauch** (Porree) Saison. Als Bestandteil von Suppengrün ist er eine würzende Zutat für Suppen, als Gemüse kann er sehr vielfältig zubereitet werden. Lauch eignet sich zum Blanchieren, Schmoren, Dünsten, Überbacken und Einlegen. Reinigen Sie die ganzen Lauchstangen immer sehr sorgfältig, zwischen den Blättern setzt sich gerne Sand fest. Dafür schlitzen Sie die Stangen von oben bis unten auf, dann können Sie die einzelnen Schichten aufblättern und unter fließendem Wasser abwaschen.

Schritt für Schritt

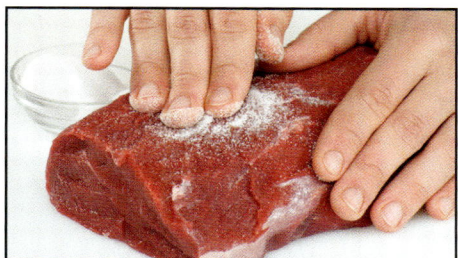

Fleisch abwaschen, trocken tupfen und mit wenig Salz von allen Seiten einreiben.

Öl in einem Bräter auf höchster Stufe erhitzen, Fleisch dazugeben und von allen Seiten kräftig anbraten.

Möhren, Lauch, Zwiebeln und Sellerie dazugeben und ca. 2 Minuten mitbräunen lassen.

Flüssigkeit und Gewürze dazugeben, einmal aufkochen und auf mittlerer Stufe im geschlossenen Bräter schmoren lassen.

Braten nach 1 1/2 Stunden wenden und 1 weitere Stunde schmoren lassen.

In Alufolie verpackt warm halten. Sauce mit eiskalten Butterflöckchen binden.

INFO

Ob **Rotkohl**, **Rotkraut** oder auch **Blaukraut** - gemeint ist immer dasselbe: Eine feste, knackige Kohlart mit bläulich roten, glatten Blättern, die fast das ganze Jahr über zu bekommen ist. Am besten macht sich das Kraut aber in der kühleren Jahreszeit, in der man deftige Fleischgerichte besonders liebt. Mit Wein, Essig oder Zitronensaft gibt man ihm die typische säuerliche Note, durch die Zugabe von Äpfeln oder Preiselbeeren kommt die süßliche Geschmacksrichtung dazu und Gewürze sorgen für den typisch kräftigen Geschmack.

Beilage

Ganz klassisch passt **Apfelrotkohl** perfekt dazu: 1 Zwiebel und 2 säuerliche Apfel würfeln, in 2 EL Schmalz anschwitzen. 1 kleinen, in feine Streifen geschnittenen Rotkohl, 3 EL Apfelessig und 125 ml Apfelsaft zugeben. 2 Nelken und 1 Lorbeerblatt ebenfalls zugeben, mit Salz, Pfeffer und Zucker abschmecken. Bei mittlerer Hitze zugedeckt ca. 50 Minuten schmoren lassen, immer wieder umrühren. Evtl. Flüssigkeit nachgießen.

SAUCEN
zu Rinderbraten

Hier finden Sie Zubereitungsvorschläge für Saucen zu Schmorbraten. Saucengrundlage ist jeweils der Bratensatz.

Asiatische Sauce

Bratensauce von Rezept Rinderbraten mit Honig und Anis durch ein Sieb geben, Bambusstreifen dazugeben und aufkochen lassen. Mit Salz und Pfeffer abschmecken, Sesamsamen unterrühren, evtl. binden.

Verfeinerte Rotweinsauce

Zucker in Butterschmalz leicht karamellisieren. Mit Mehl bestäuben, mit Bratensauce und etwas Beize vom Rezept mit Printen und Malzbier ablöschen. Dann mit Rotwein 20 Minuten köcheln und mit Crème fraîche verfeinern.

Einfache Bratensauce

Bratflüssigkeit mit dem Gemüse durch ein Sieb streichen. Mit Salz und Pfeffer würzen. Speisestärke mit Wasser anrühren und zum Andicken in die Sauce rühren.

... mit Speck und Gewürzen

Braten mit 50 g Speck spicken, von allen Seiten im Bräter anbraten. 3 grob geschnittene Möhren, 150 g grob gewürfelten Sellerie und 1 in Ringe geschnittene Lauchstange mit 3 EL Essig, Pfeffer- und Pimentkörnern, Nelken, Thymian und Salz dazugeben. 500 ml Rotwein angießen. Bei mittlerer Hitze 2 1/2 Stunden mit Deckel gar schmoren. Zwischendurch wenden.

... mit Paprikaspeck, Tomaten und Paprika

Braten mit Salz, Pfeffer, Paprikapulver einreiben. Oberseite längs einschneiden und 150 g geräucherten Speck hineindrücken, mit Küchengarn umwickeln, scharf anbraten, 90 Minuten im Ofen bei 200 °C fertig braten. 3 Zwiebelringe dazugeben. 4 grob gewürfelte Tomaten, 1 in Streifen geschnittene Paprika und 8 Maiskölbchen in Butter anbraten. Mit der Sauce zum Braten servieren.

RINDERSCHMORBRATEN
in mehreren Variationen

Braten können eigentlich nicht im Ofen garen. Im Ofen lassen Sie den Bräter offen, auf dem Herd muss der Bräter mit einem Deckel geschlossen werden.

... mit Perlzwiebelchen und Chili

Braten mit Salz und Pfeffer einreiben. In einem Bräter von allen Seiten gut anbraten, Fett abgießen. 50 g Butter im Bräter zerlassen, Fleisch wenden, 500 g Perlzwiebeln und 1/2 fein geschnittene Chilischote hineingeben. Salzen und 1 Stunde im Ofen im offenen Topf braten, gelegentlich begießen. Etwas klein geschnittenes Koriandergrün dazugeben.

... mit Printen und Malzbier

Braten einige Tage in Wasser, Essig, je 1 grob geschnittene Möhre, Sellerie und Zwiebel, mit Nelken, Lorbeerblatt, Pfeffer- und Pimentkörnern und Wacholderbeeren marinieren. Mit 2 EL Marinade kurz braten, 250 ml Malzbier dazugeben. 45 Minuten schmoren, dann bei 180 °C 2 Stunden backen. 375 ml Malzbier und 12 zerbröselte Kräuterprinten dazugeben. Fertig garen.

... mit Worcestersauce und Cola

Braten von allen Seiten scharf anbraten. Salz, 1 EL Chilipulver, je 1 TL Thymian, Oregano, Basilikum, Paprikapulver, Pfeffer, Kerbel und Senfpulver mischen. 1 EL Worcestersauce über den Braten geben und die Gewürzmischung daraufstreuen. 500 ml Cola (keine Diät-Cola) in die Form gießen. Bei 190 °C ca. 30 Minuten schmoren, dann bei 150 °C weitere 3 Stunden schmoren.

... mit Honig, Anis und Weißwein

Braten in einer Marinade aus 4 EL Honig, 3 EL Sojasauce, 1 EL Zitronensaft, 2 zerbröselten Chilis, 2 zerkleinerten Sternanis, 2 gepressten Knoblauchzehen, Salz und Pfeffer mindestens 2 Stunden einlegen. Dann in einem Bräter anbraten. Mit der Marinade, je 200 ml Weißwein und Rinderfond ablöschen und zugedeckt bei mittlerer Hitze ca. 2 1/2 Stunden schmoren.

SCHWEINEKRUSTENBRATEN

mit Möhren, Zwiebeln und Bier

Zutaten für 4 Personen

1 kg	*Schweinebraten mit Schwarte (von Hals, Schulter, Rücken)*
	Salz
3 EL	*Öl*
3	*Möhren, grob geschnitten*
2	*Zwiebeln, grob geschnitten*
1/4	*Sellerieknolle, grob geschnitten*
250 ml	*Bier*
1	*Lorbeerblatt*
2	*Nelken*
1/2 TL	*Rosmarin*
	Pfeffer

Schritt für Schritt

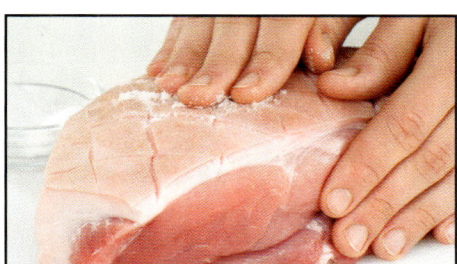

Fleisch abwaschen, trocken tupfen und mit wenig Salz einreiben.

Bier und Gewürze ebenfalls dazugeben. Ofen auf 200 °C vorheizen.

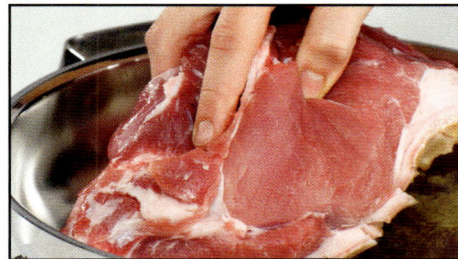

Öl in einem Bräter erhitzen, Fleisch dazugeben und von allen Seiten kräftig anbraten. Hitze reduzieren.

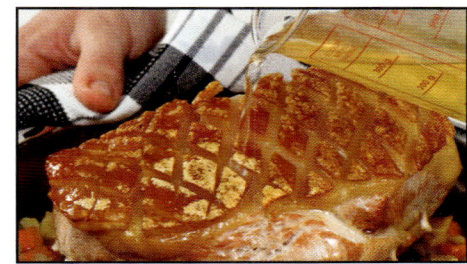

Braten in den Ofen geben, 30 Minuten ohne Deckel schmoren lassen. Hin und wieder mit Flüssigkeit begießen.

Möhren, Zwiebeln und Sellerie dazugeben und ca. 2 Minuten mitbräunen lassen.

Ofen auf 150 °C zurückschalten und in 1 Stunde fertig schmoren.

BRATEN INFO

Die knusprige Kruste ist das Geheimnis eines wirklich guten **Schweinebratens**. Mit diesem Rezept gelingt sie! Durch die Hitze im Ofen koaguliert das Eiweiß im Fleisch und entwickelt so aromatische Röststoffe. Vergessen Sie auf keinen Fall, den Braten immer wieder mit Flüssigkeit zu begießen, damit die Schwarte nicht austrocknet.

Schneiden Sie die **Kruste** rautenförmig ein, damit das Fett am Fleisch herunterlaufen kann und eine feine Saucengrundlage bildet.

Bier eignet sich nicht nur als Getränk, sondern auch als Zutat beim Kochen. Durch seinen ausgeprägten Geschmack bereichert es besonders Fleischgerichte, kann aber auch eine wichtige Zutat von Suppen und Saucen sein. Die verschiedenen Geschmacksausprägungen der Biersorten ermöglichen eine individuelle Variationen der Gerichte, von süßlich mit Altbier bis zu herb mit Pils oder kräftig mit Schwarzbier.

SCHWEINEKRUSTENBRATEN
in mehreren Variationen

Ob Sie Ihren Braten mit leckeren Zutaten füllen, ob Sie ihn bestreichen oder weitere Zutaten mit in den Bräter geben – all das sorgt dafür, dass der Braten saftig wird und ein köstliches Aroma bekommt.

... mit Backobst und Cashewkernen

Braten (eine Tasche einschneiden lassen) innen und außen salzen, pfeffern, mit Nelken spicken. 125 g eingeweichtes Backobst und 50 g gehackte Cashewkerne in die Tasche füllen, zunähen. In einen Bräter geben, 1 Tasse kochendes Wasser zugeben und bei 150 °C 2 Stunden schmoren. Sobald der Braten braun wird, 2 Tassen Wasser zugeben, Braten häufig damit begießen.

... mit Birnen, Senf und Weißwein

Braten mit 125 ml Wasser bei 200 °C 10 Minuten im Ofen dämpfen (Fettseite nach unten). Herausnehmen, Schwarte einschneiden, mit Nelken spicken, andere Seite mit 1 EL Senf bestreichen. 1 1/2 Stunden braten. 500 g Birnen halbieren, mit je 1 Nelke spicken. Mit 1 EL Butter, 125 ml Weißwein, 1 TL Zucker, Lorbeerblatt, Pfeffer 15 Minuten dünsten, zum Braten servieren.

... mit Zimt, Schalotten und Apfelwein

Schwarte des Bratens einritzen, mit Nelken spicken. 1 EL Zimt, Salz, Pfeffer und Piment mit 1 EL Honig auf das Fleisch streichen, 1 Stunde einziehen lassen. Anbraten, 12 ganze geschälte Schalotten dazugeben. Mit 150 ml Apfelwein ablöschen, abdecken. Bei 150 °C 90 Minuten schmoren, nach 45 Minuten 1 EL Puderzucker darüberstreuen, ohne Deckel weiterbraten.

.... mit Zwiebeln und Schwarzbier

Braten mit Salz, Pfeffer, Majoran und 1 durchgepressten Knoblauchzehe einreiben. Von allen Seiten im Bräter scharf anbraten. Je 500 ml Fleischbrühe und Schwarzbier zugeben. 20 ganze kleine Zwiebeln zugeben und den Braten etwa 2 Stunden köcheln. Braten und Zwiebeln aus dem Bräter nehmen, Bratensaft durchsieben, etwas einkochen.

BEILAGEN
zu Schweinebraten

Passend zur deutschen Herkunft des Schweinebratens servieren Sie die dort beliebten Kartoffeln in allen Variationen dazu - entweder ganz klassisch als Pellkartoffeln oder einfach als Salzkartoffel.

... mit Ananas, Ketchup und Essig

Braten mit Salz und Pfeffer einreiben. 2 gewürfelte Zwiebeln in 1 EL Öl im Bräter andünsten, Braten dazugeben und bei 150 °C ca. 1 1/2 Stunden braten. 100 ml Essig, 2 EL Zucker, 2 EL Ketchup, 1 TL Brühe, 100 g Ananas mit Saft und 1 EL Stärke verrühren. Den Bratensatz mit Wasser loskochen, durchseihen, Ananasmischung dazugeben und unter Rühren kurz aufkochen.

Pellkartoffeln mit Schnittlauch

Festkochende Kartoffeln mit der Gemüsebürste unter fließendem Wasser gründlich abbürsten. In reichlich Salzwassser etwas 20 Minuten kochen, abgießen und mit Schnitt- lauch servieren.

... mit Kräutern, grobem Senf und Thymian

Braten salzen, pfeffern und mit 1 grob gewürfelten Bund Suppengrün in einen Bräter geben. Mit 3 EL geschmolzenem Butterschmalz begießen. 1 1/2 Stunden bei 150 °C schmoren. Nach ca. 30 Minuten mit 500 ml Wasser begießen. Je 2 EL Thymian und Oregano mit 2 EL Honig, 1 EL scharfem und 1 EL grobem Senf verrühren. 30 Min. vor Garende auf den Braten streichen.

Salzkartoffeln

Kartoffeln schälen, waschen und halbieren oder vierteln. In einem Topf zur Hälfte mit Wasser bedecken, salzen, in ca. 15 - 20 Minuten gar kochen. Nach dem Kochen noch kurz im offenen Topf auf der abgeschalteten Herdplatte zum Abdämpfen stehen lassen.

SENF INFO

Senf wird aus den Samenkörnern des weißen, braunen und schwarzen Senfs hergestellt. Verwendet werden die ganzen Körner, gemahlene Samen als Pulver, zum allergrößten Teil werden die Samen aber zu Würzpaste verarbeitet. Es gibt unzählige Sorten, die sich in der Mischung der Senfarten, dem Mahlgrad der Körner, dem beigefügten Essig

und weiteren Zutaten wie Zucker, Karamell, Honig, Meerrettich, Cayennepfeffer, Kräuter und Gewürze, Zitronensaft, Wein, Knob- lauch, Tomaten oder Paprika unterscheiden. Mittelscharfer Senf wird überwiegend aus weißer und brauner Senfsaat hergestellt, gerne auch mit Meerrettich als Meerreettichsenf. Scharfer Senf hat einen höheren

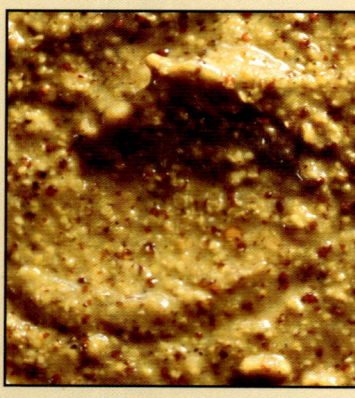

Anteil an braunen Senfsamen, süßer Senf besteht aus grob gemahlenen, teilweise gerösteten Senfkörnern und wird mit Zucker, Süßstoff oder Apfelmus gesüßt. Rotisseur-Senf bezeichnet nur grob geschroteten Senf. Dijon-Senf muss aus braunen Senfkörnern hergestellt werden, die durch ein bestimmtes Verfahren geschält wurden und nicht entölt sind.

Zutaten für 4 Personen

4	*Rinderrouladen (à ca. 150 g)*
	Salz
	Pfeffer
8	*Schinkenspeckscheiben*
4 TL	*Senf*
2	*Zwiebeln, in Ringe geschnitten*
2	*Gewürzgurken, längs halbiert*
	Holzspießchen
	Mehl
2 EL	*Öl*
125 ml	*Brühe*

Schritt für Schritt

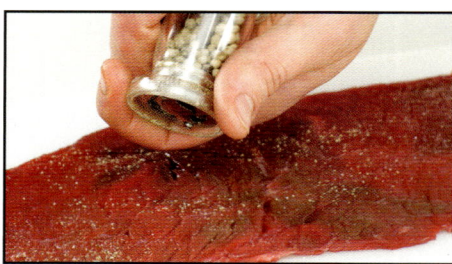

Rouladen mit der Hand flach drücken und mit Salz und Pfeffer würzen.

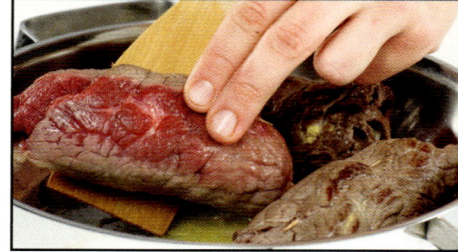

In 2 EL Öl von allen Seiten einige Minuten kräftig anbraten.

Je 2 Scheiben Schinkenspeck, 1 TL Senf, 1/2 Zwiebel und 1/2 Gurke so auf der Roulade verteilen, dass ein Rand bleibt.

Mit Brühe halb bedecken und im geschlossenen Topf 1 1/2 Stunden schmoren lassen.

Roulade aufrollen und mit Holzspießchen feststecken bzw. mit Küchengarn umwickeln. In Mehl wenden.

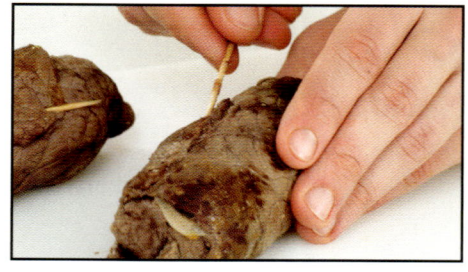

Vor dem Servieren Spießchen oder Küchengarn entfernen.

RINDERROULADEN
mit Schinkenspeck, Gurke und Senf

BEILAGEN
zu Rouladen

Sahnige Gemüsegenüsse harmonieren gut mit deftig-würzigen Rouladen. Hier finden Sie dazu zwei passende Vorschläge.

Lauch in Sahnesauce

In 3 cm lange Stücke geschnittenen Lauch in Butter oder Öl andünsten, leicht salzen. Wenig Wasser zugießen, sodass der Lauch nicht am Topfboden anhängt. Fast weich dünsten, Sahne dazugeben und leicht einkochen. Mit Muskat abschmecken.

Rahmspinat

Spinat in Salzwasser blanchieren, gut abtropfen lassen und hacken. Schalottenwürfel glasig dünsten, Sahne darin cremig einkochen. Spinat unterrühren, mit Salz, Pfeffer und Muskat abschmecken.

RINDERROULADEN
in mehrere

Eine tolle Erfindung: dünne Fleischstücke mit Zutaten nach Geschmack belegen, aufrollen, braten oder schmoren. Fertig ist ein beliebtes Fleischgericht, das im Innern eine Überraschung bereithält.
Lassen Sie Ihrer Fantasie freien Lauf, denn es gibt unzählige Möglichkeiten für Rouladenfüllungen.

... mit Sauerkraut, Paprika und grünen Oliven

1 rote Paprikaschote in Streifen schneiden. Für die Füllung einer Roulade 1/4 davon zusammen mit 2 EL Sauerkraut, 2 EL fein gehackten grünen Oliven und Salz auf einer Roulade verteilen. Fleisch einrollen, in Mehl wenden und braten, anschließend mit Brühe bedeckt schmoren.

... mit Feta, Peperoni und Knoblauch

Rouladen salzen, pfeffern und mit Paprika edelsüß würzen. Für die Füllung einer Roulade je 1/2 milde Peperoni, 30 g Feta und 1 Knoblauchzehe auf dem Fleisch verteilen. Fleisch einrollen, in Mehl wenden und braten, anschließend mit Brühe bedeckt schmoren.

'ariationen

Achten Sie darauf, die Rouladen mit kleinen Spieß-chen, mit Küchengarn, Rouladennadeln oder -klam-mern zu fixieren, damit sie sich beim Zubereiten nicht öffnen!

BEILAGEN
zu Rouladen

Der frische Geschmack von Gurken und Kerbel bil-det einen schönen Kontrast zu Rouladen. Servie-ren Sie in der Pilzsaison doch einmal Steinpilze in Sahnesauce zu Rouladen - ein besonderer Genuss!

... mit Spinat, Emmentaler und Salbei

Etwa 80 g Spinat blanchieren. Für die Füllung einer Roulade je 1/4 davon zusammen mit je 1 Scheibe rohem Schinken, 1 Schei-be Emmentaler, 1 kleinen Knoblauchzehe, etwas Salz, Pfeffer und 2 Salbeiblättchen auf dem Fleisch verteilen. Fleisch einrol-len, in Mehl wenden und braten, anschließend mit Brühe be-deckt schmoren.

Steinpilze in Sahnesauce

Pilze je nach Größe halbieren, vierteln oder in Scheiben schneiden. Mit Zitronensaft beträufeln. Zwiebelwürfel in Butter anschwitzen, Pilze einige Minuten darin andünsten. Salzen und Pfeffern. Mehl mit Sahne verrühren, aufkochen, mit saurer und süßer Sahne bis zur gewünschten Konsistenz zu den Pilzen geben.

... mit Apfel und rohem Schinken

2 Äpfel schälen, entkernen und in Spalten schneiden. 1 Zwiebel fein würfeln und 1/2 Bund Petersilie hacken. Für die Füllung einer Roulade je 1/2 Scheibe rohen Schinken auf das Fleisch legen, je 2/3 eines halben Apfels, 1/4 Zwiebeln und 1/4 Petersi-lie darauf verteilen. Rouladen mit 250 g geviertelten Tomaten und restlichen Apfelspalten in den Bräter geben, mitschmoren.

Gurken in Kerbelsahne

Salatgurken schälen, entkernen und in 2 cm dicke Scheiben schneiden. Zwiebelwürfel in Butter goldgelb braten, Gurken darin ca. 10 Minuten bissfest dünsten. Vom Herd nehmen. Süße und saure Sahne, durchgepressten Knoblauch und Pfeffer verrühren. Mit Butter unter die Gurken heben. Mit gekörnter Brühe und gehacktem Kerbel verfeinern.

KASSELER

m i t   S u p p e n g e m ü s e   u n d   r o t e n   Z w i e b e l n

Zutaten für 4 Personen

300 g	*Suppengemüse (ungeschälte Zwiebeln, Sellerie, Lauch, Möhren)*
2 EL	*Öl*
300 ml	*Brühe*
1	*Lorbeerblatt*
5	*Nelken*
10	*schwarze Pfefferkörner*
10	*Senfkörner*
2	*Liebstöckelstängel*
1 kg	*Kasseler ohne Knochen*
100 g	*rote Zwiebeln*
4 EL	*Butter*

INFO

Suppengemüse bekommt man fertig portioniert frisch oder getrocknet. Es besteht meistens aus einer Mischung von Möhren, Lauch, Knollensellerie und Petersilie, kann aber je nach Region auch andere würzende Zutaten enthalten. Als Würze für Suppen wird es klein geschnitten mitgekocht und -verzehrt, oder im Ganzen nach dem Kochen aus der Brühe entfernt. Für Schmorgerichte wird es geröstet und im Gericht für eine sämige Sauce zerkocht, daher ist es auch unter dem Begriff Röstgemüse bekannt.

Schritt für Schritt

Gemüse würfeln, in einem großen Bräter im Öl anbraten. Brühe, Gewürze und Liebstöckel dazugeben.

Kasseler auf der Fettseite einritzen und darauflegen.

Fleisch im vorgeheizten Ofen bei 190 °C zugedeckt ca. 60 Minuten schmoren lassen, alle 10 Minuten mit der Brühe übergießen.

Fleisch aus dem Bräter nehmen und warm stellen. Bratensatz durch ein Sieb passieren, um 1/3 einkochen lassen.

100 g rote Zwiebeln würfeln und in 2 EL Butter glasig dünsten. Die Bratensauce mit 2 EL eiskalten Butterflöckchen binden.

Rote Zwiebeln hineingeben, Möhren- und Lauchstückchen aus dem Bratensatz ebenfalls hinzufügen.

Beilage

Zum deftigen Kasseler darf **Sauerkraut** nicht fehlen. 1 gewürfelte Zwiebel mit 1 EL Zucker und 1 geviertelten Apfel in 60 g Butter dünsten, nach und nach 750 g Sauerkraut (frisch oder aus der Dose) zugeben, 10 Minuten dünsten, immer wieder umrühren. Frisches Sauerkraut mit 5 Wacholderbeeren, 1 Lorbeerblatt und etwas Wasser ca. 1 Stunde dünsten, Dosensauerkraut braucht nur 20-30 Minuten.

INFO

Sauerkraut wird aus frisch gehobeltem Weißkohl hergestellt, der in Bottichen zusammen mit Salz gegoren wird. Dabei entwickelt sich die bekömmliche Milchsäure, die darm- und magenfreundlich und sogar bakterienhemmend wirkt. Wegen seines hohen Vitamin-C-Gehaltes wurde es besonders früher, als man im Winter kaum frische Vitaminspender zur Verfügung hatte, hoch geschätzt. Seefahrer hat es vor der gefürchteten Vitamin-C-Mangelkrankheit Skorbut geschützt. Frisches Sauerkraut ist milder als konservierte Dosenware.

BEILAGEN
zu Kasseler

Was passt besser zu Kasseler als Knödel in verschiedenen Variationen? Ob mit rohen oder gekochten Kartoffeln oder mit Brötchen und Speck, sie bilden immer die perfekten Begleiter.

Gekochte Klöße

1 kg Pellkartoffeln einer mehligkochenden Sorte kochen und pellen. Durch eine Kartoffelpresse drücken. Mit 150 g Mehl, Salz, Muskat und 2 Eiern mischen. Klöße formen, mit gerösteten Brötchenwürfeln füllen. In kochendes Salzwasser geben, Hitze reduzieren und etwa 20 Minuten ziehen lassen.

Semmelknödel mit Speck

6 altbackene Brötchen in Würfel schneiden, in einer Mischung aus 250 ml Milch, 5 Eiern und Salz 30 Minuten einweichen. Zwiebelwürfel und gehackte Petersilie in Butter anschwitzen, mit 125 g Speckwürfeln zu den Brötchen geben. Nach Bedarf mit etwas Mehl binden, ruhen lassen. Klöße formen. In Salzwasser 20 Minuten ziehen lassen.

KASSELER
in mehrere

Kasseler ist recht salzig, da er gepökelt wurde. Gehen Sie deshalb mit Salz sparsam um! Durch die Behandlung mit Salz und Rauch wird er sehr mürbe und braucht weniger lange Garzeiten als andere Braten. Zu lange Garzeiten machen das Fleisch trocken. Das salzig-rauchige Aroma von Kasseler verträgt sich

... mit Zwiebeln, Äpfeln und saurer Sahne

Kasseler anbraten. 3 geviertelte Zwiebeln und 1 geviertelten Apfel hinzugeben, mit 2 l Bratenfond ablöschen. Mit 2 TL Kümmel 1 Stunde köcheln. Äpfel, Zwiebeln und Fleisch herausnehmen. Bratenfond einkochen, abschmecken. Mit 125 g saurer Sahne binden. Äpfel und Zwiebeln wieder hineingeben.

... mit Ananas und Lauch

Kasseler 8-mal 1 cm tief einschneiden, je 1/2 Ring Ananas in die Einschnitte stecken. Mit 125 ml Brühe bei 200 °C etwa 1 Stunde garen. 2 Lauchstangen in Ringe schneiden, 1 Zwiebel fein würfeln, zusammen in 1 EL Öl andünsten. Mit 250 g saurer Sahne ca. 5 Minuten schmoren lassen, binden, mit Salz und Muskat würzen. Zum Kasseler servieren.

BEILAGEN
zu Kasseler

Variationen

bestens mit süß-säuerlichen Zutaten wir Äpfeln oder Ananas. Ein ganz klassischer Begleiter von Kasseler ist Sauerkraut, das man nicht nur als Beilage servieren, sondern auch zusammen mit dem Fleisch garen kann.

Erbsen oder Bohnen - beide Hülsenfruchtsorten passen mit ihrem kräftigen Eigengeschmack gut zu würzigem Kasseler.

Buttererbsen
Frische Erbsen in Butter andünsten, dann mit etwas Brühe, Salz und Pfeffer in 10 Minuten weich dünsten. Danach Butter unterrühren.

... mit Bratwurstfüllung
Kasseler etwas aushöhlen. Herausgeholte Kasselerstücke würfeln, mit 200 g Bratwurstmasse, 1 fein gehackten Zwiebel, 1 EL gehackter Petersilie, je 1/2 TL Majoran und Thymian, Salz, Pfeffer und 1 Ei mischen. Braten damit füllen. Mit Öl bepinseln und mit 1 TL Paprika edelsüß einreiben. Fleischöffnung mit Alufolie abdecken. Bei 200 °C 45 Minuten im Ofen braten.

... mit Zwiebel-Senf-Kruste
Kasseler mit 1 TL Pfeffer einreiben, in einem Bräter mit 300 ml Wasser 45 Minuten bei 200 °C Grad schmoren. Für die Kruste 200 g Gemüsezwiebeln würfeln und in Butter glasig dünsten. 2 Scheiben Toastbrot zerbröseln und mit Zwiebeln und 3 EL mittelscharfem Senf zu einer Paste verrühren. Kasseler herausnehmen, Masse darauf verteilen und weitere 45 Minuten braten.

Dicke Bohnen mit Speck
Dicke Bohnen aus der Schale lösen und mit Bohnenkraut in Salzwasser 20 Minuten garen. Speckwürfel in Öl ausbraten, Frühlingszwiebelringe darin dünsten. Bohnen 5 Minuten mitdünsten, mit gehackten gemischten Kräutern bestreuen.

FLEISCHRAGOUT
mit Gemüsezwiebeln

INFO

Der Begriff **„Ragout"** bezeichnet ein Gericht, das aus geschmorten oder gedünsteten Fleisch- oder Fischstückchen oder Pilzen und weiteren Zutaten besteht, die von einer meist sämigen und pikanten Sauce umhüllt sind. Fleisch muss wegen seiner längeren Garzeiten zunächst getrennt von den übrigen Zutaten (vor-) gegart werden, während schnell garende Fischstücke einfach zum Schluss in die Sauce gegeben werden und nur wenige Minuten darin ziehen müssen.

Zutaten für 4 Personen

600 g	*Schweine- oder Rindfleisch (Schulter), in Würfel geschnitten*
6 EL	*Öl*
750 g	*Gemüsezwiebeln, in halbe Ringe geschnitten*
2 TL	*Tomatenmark*
2 TL	*Rosenpaprika*
2 TL	*Paprika edelsüß*
2 EL	*Rotwein*
200 ml	*Fleischbrühe*
	Salz
	Kümmelpulver

Schritt für Schritt

Fleischwürfel portionsweise in 3 EL Öl scharf anbraten, herausnehmen und warm stellen.

3 EL Öl in einem Schmortopf erhitzen, Zwiebeln darin unter Rühren anschwitzen.

Tomatenmark zugeben und gut damit vermischen.

Paprikapulver auf die Zwiebeln streuen, aufschäumen lassen und sofort mit dem Rotwein und der Brühe ablöschen.

Das Fleisch dazugeben, mit Salz und Kümmel würzen, gut mischen. Bei schwacher Hitze ca. 1 Stunden schmoren.

Beilage

Teig für **Spätzle** ist ganz einfach herzustellen, etwas schwieriger ist da schon das Schaben, wenn man keinen Hobel besitzt. Rühren Sie einen zähflüssigen Teig aus 400 g Mehl, 4 Eiern, ca. 125 ml Wasser, 1 TL Salz an und lassen Sie diesen 10 Minuten ruhen. Dann in einem großen Topf genügen Salzwasser aufkochen und den Teig portionsweise mit dem Spätzlehobel oder der Spätzlepresse in das kochende Wasser geben, aufwallen lassen und mit dem Schaumlöffel herausnehmen.

Beilage

Rosenkohl ist eine leckere Ergänzung zu diesem Gericht. Putzen sie 750 g Rosenkohlröschen gründlich und ritzen Sie die Röschen am Strunk kreuzweise ein. Mit 250 ml Brühe aufgießen und 10 Minuten weich dünsten. Mit Salz, Pfeffer, Muskat abschmecken und mit 2 EL Butterflöckchen verfeinern.

BEILAGEN
zu Fleischragout

Einfachen Reis können sie immer zu Fleischragout reichen. Oder Sie peppen auch Parboiled Reis ein bisschen auf.

Butterreis
150 g Reis mit Zwiebelwürfeln in Butter glasig dünsten. Mit doppelter Menge Brühe aufgießen, Salz dazugeben. Bei schwacher Hitze 20 Minuten quellen lassen, Butter in Flöckchen darunterrühren.

Zucchinireis
150 g Reis mit Zwiebelwürfeln in Butter glasig dünsten. Mit doppelter Menge Brühe aufgießen und Salz dazugeben. Bei schwacher Hitze 20 Minuten quellen lassen. Geriebene und gedünstete Zucchini und geriebenen Gouda daruntermischen.

Risi-Bisi mit Parmesan
150 g Reis mit Zwiebelwürfeln in Butter glasig dünsten und mit doppelter Menge Brühe aufgießen. TK-Erbsen und Salz dazugeben. Bei schwacher Hitze 20 Minuten quellen lassen. Mit einer Gabel auflockern und abdämpfen lassen, mit Parmesan bestreuen.

... mit grünen Paprika, Tomaten und Zwiebeln
Fleisch scharf anbraten, salzen, pfeffern, herausnehmen. Darin 2 gehackte Zwiebeln und 1 durchgepresste Knoblauchzehe anschwitzen, mit Paprika bestreuen, Fleisch dazugeben. Saft einkochen, mit 500 ml Wasser bedeckt 1 Stunde schmoren. 1 Zwiebel in Ringen, 1 grüne Paprika in Streifen und 2 geviertelte Tomaten schmoren, zum Fleisch geben, weitere 20 Minuten garen.

... mit roten Paprika und grünen Bohnen
Fleisch scharf anbraten, herausnehmen. 1 grob gewürfelte Gemüsezwiebel und 3 EL Tomatenmark mit anschwitzen. Fleisch zufügen, salzen und pfeffern. Mit 500 ml Brühe zugedeckt ca. 1 Stunde schmoren. 150 g gekochte grüne Bohnen und 2 in Streifen geschnittene rote Paprika dazugeben, weitere 5 Minuten schmoren. Mit 2 EL Ketchup, Salz und Pfeffer abschmecken.

FLEISCHRAGOUT
in mehreren Variationen

Typische Gewürze und Zutaten für Ragouts sind Zwiebeln, Paprika, Kümmel oder Knoblauch. Hier finden Sie sowohl klassische als auch ausgefallene Rezepte, die Sie mit verschiedenen Fleischsorten nach Wahl zubereiten können.

... mit Sauerkraut, Schalotten und saurer Sahne

200 g gewürfelte Schalotten und 2 durchgepresste Knoblauchzehen anschwitzen, 2 EL Paprika darüberstäuben. Fleisch dazugeben, anbraten, mit Salz, Zucker und Kümmel würzen. Lorbeerblatt dazugeben und 1 EL Tomatenmark einrühren. 500 g Sauerkraut daruntermischen, mit Wasser knapp bedecken und 1 Stunde schmoren. Zum Schluss 125 g saure Sahne unterrühren.

... mit Rotwein, Pflaumen und Ingwer

Fleisch 3 Stunden in 4 EL Öl, 4 EL Sojasauce, Saft von 1 Zitrone, 1 Stück Ingwer und 2 EL braunem Zucker marinieren. Scharf anbraten, salzen, pfeffern. In einem Bräter mit 12 süßen Pflaumen, 100 ml Wildfond, 400 ml Rotwein, 2 TL Senf und 6 TL Pflaumenmus mischen. Bei 200 °C im geschlossenen Topf ca. 1 Stunde garen lassen. Mit Sahne verfeinern, salzen und pfeffern.

... mit Kaffee und Aquavit

Fleisch in 3 EL Butter portionsweise scharf anbraten. 1 TL Salz, Pfeffer, 2 EL starken Kaffee, 3 EL Sahne, 2 EL Tomatenmark und 1 TL Aquavit hinzufügen, bei schwacher Hitze das Ragout etwa 1 Stunde schmoren lassen.

... mit Kokosmilch, Ananas und Curry

Fleisch scharf anbraten und mit 500 ml Brühe ablöschen. Bei 200 °C 1 Stunde schmoren lassen. 30 Minuten vor Ende der Garzeit 150 g Ananasstückchen, 2 TL Curry, 50 ml Kokosmilch, 100 g Sahne und Salz dazugeben. Evtl. etwas andicken.

SCHWEINEFILET
mit Möhren und Fleischbrühe

Zutaten für 4 Personen

600 g	Schweinefilet
	Salz
	Pfeffer
4 EL	Öl
1/2	Zwiebel, in Ringe geschnitten
1	Möhre, in Streifen geschnitten
1	Tomate, gehäutet und geviertelt
250 ml	Fleischbrühe
1	Lorbeerblatt
1 Zweig	Rosmarin
1 Zweig	Thymian

Schritt für Schritt

Filet von Haut und Sehnen befreien und mit Salz und Pfeffer einreiben.

Zugedeckt 20 Minuten schmoren. Eventuell noch etwas Brühe nachgießen.

Öl in einem Bräter erhitzen, das Fleisch von allen Seiten darin anbraten.

Fleisch aus der Brühe nehmen und warm stellen.

Zwiebel, Möhre und Tomate in den Bräter geben, mit der Hälfte der Fleischbrühe aufgießen, Gewürze dazugeben.

Die Sauce passieren, kurz einkochen und abschmecken.

SCHWEINEFILETS

in mehreren Variationen

Die folgenden Rezepte geben Ihnen ein paar Beispiele für die Vielseitigkeit von Schweinefilet. Die Bandbreite reicht von mild-würzig mit Tomaten, Möhrchen oder Sahne bis zu deftig-rustikal mit Bier und Kümmel.

... mit Petersilienwurzel und Weißwein

Schweinefilet mit Salz, Pfeffer und Rosmarin einreiben. 1/2 rote Zwiebel in Streifen, 1 Petersilienwurzel in Scheiben schneiden. Fleisch anbraten, Zwiebel und Wurzel mitbräunen. Mit 50 ml Weißwein ablöschen, 125 ml Brühe zugießen, 1/2 Lorbeerblatt dazugeben und bei 200 °C 15 Minuten schmoren. Bratensatz mit 125 ml Brühe loskochen, passieren und einkochen lassen.

... mit Pfeffer und Sahne

1 EL schwarzen und 1 TL Cayennepfeffer mit 1 EL Paprika edelsüß, 1 TL Salz und 2 EL Öl mischen. Filet damit einreiben. In einer Pfanne von allen Seiten anbraten. Nun das Filet in einem Bräter bei 200 °C im Ofen 15 Minuten backen. 1 fein gewürfelte Zwiebel in der Filetbratpfanne anbraten und mit 400 g Sahne einkochen. Sauce mit dem Filet servieren.

... mit Bier, Kümmel und grobem Senf

Filet 24 Stunden in 200 ml Öl, 1 l Pils, je 1/2 gewürfelten Möhre, Lauchstange und Sellerie, 2 Lorbeerblättern, 6 Nelken, 1 TL Wacholderbeeren, 2 TL zerdrückten Pfefferkörnern und Salz einlegen. 400 g gewürfeltes Weißbrot, 1 Ei, 2 TL Kümmel, 200 g Senf, 2 Eier, 200 ml Dunkelbier, Pfeffer und Salz mischen, auf das Filet geben, bei 200 °C 15 Minuten backen. Biersauce dazureichen.

... mit Ingwer, Chilisauce und Pfirsichen

Schweinefilet mit Thymian, Rosmarin und Pfeffer einreiben, ziehen lassen. Salzen, anbraten, bei 200 °C im Ofen 15 Minuten braten. 2 gewürfelte Zwiebel dünsten, 1 TL Curry, 1 EL Ingwersirup, je 6 EL Chili- und Sojasauce und 2 gehackte Ingwerknollen aus dem Sirup zufügen. 200 g Sahne angießen, köcheln. 4 Pfirsichviertel (Dose) zum Filet geben. Mit der Sauce servieren.

BEILAGEN
zu Filet

Country Pommes, Rösti oder Kroketten: Gebackene oder frittierte Kartoffeln sind besonders beliebt und passen mit ihrem aromatischen Röstgeschmack sehr gut zu würzigen Fleischzubereitungen.

Country Pommes

Kartoffeln schälen und in Spalten schneiden. Bei 150 °C in heißem Fett 15 Minuten frittieren, Temperatur der Fritteuse auf 180 °C erhöhen und die Pommes in 3 – 5 Minuten knusprig backen. Abtropfen lassen und salzen.

Rösti

Pellkartoffeln kochen, über Nacht stehen lassen. Pellen, grob raspeln und salzen. In Butter anbraten, zusammenschieben und mit dem Pfannenwender andrücken. Zugedeckt bei schwacher Hitze goldgelb braten. In einen Deckel stürzen, Butter in der Pfanne zerlassen, Rösti hineingleiten lassen und von der zweiten Seite goldbraun braten.

Kartoffelkroketten

Gekochte Kartoffeln noch warm durch die Presse drücken. Mit Butter, Eigelb, Salz und Muskat mischen. Zu einer Rolle formen und Kroketten davon abschneiden. In heißem Fett frittieren.

... mit grünen Paprika, Tomaten und Lauchzwiebeln

Schweinefilet mit Salz, Pfeffer und 1 durchgepressten Knoblauchzehe einreiben. In 3 EL Butter von allen Seiten anbraten, herausnehmen. 3 Lauchzwiebeln in Röllchen und 2 grüne geviertelte Paprika anbraten, 3 geviertelte Tomaten kurz mitdünsten. Mit Salz, Paprika und Thymian würzen, 1/2 Bund gehackte Petersilie dazugeben. Fleisch dazugeben, 20 Minuten schmoren.

... mit Parmaschinken und jungen Möhrchen

Schweinefilet mit Petersilie belegen, mit 4 Scheiben Parmaschinken umwickeln. Rundum anbraten, salzen und pfeffern. Bei 200 °C ca. 15 Minuten braten. 1 kg junge Möhrchen mit 1 Prise Zucker 12 Minuten garen. 250 ml Sauce Hollandaise erwärmen, etwas gehackte Petersilie unterrühren, mit Pfeffer und 1 EL Orangensaft abschmecken. Zum Fleisch servieren.

CHAMPIGNON INFO

Champignons werden je nach Region auch Egerlinge oder Angerlinge genannt. Sie gehören zur Ordnung der Blätterpilze, zeichnen sich also durch Lamellen auf der Unterseite aus, die je nach Reifegrad weißlich bis dunkelbraun sind. Achten Sie beim Kauf auf geschlossene Köpfe, dann handelt es sich um junge Pilze.

Große Pilze mit geöffneten Hüten und dunklen Lamellen sind schon ältere Exemplare. Der bekannteste bei uns vorkommende Champignon ist der Wiesenchampignon, mit dem der Zuchtchampignon eng verwandt ist. Daneben gibt es noch die aromatischen Anischampignons, die einen wunderbaren Duft ausströmen, Schaf- und Waldegerlinge, außerdem die Riesenchampignons.

Zuchtchampignons werden auf fermentiertem Pferdemist kultiviert und sind bei uns die wirtschaftlich bedeutsamsten Speisepilze. Im Wesentlichen gibt es bei uns weiße und braune Sorten, die sich geschmacklich aber kaum voneinander unterscheiden. Große Exemplare eignen sich hervorragend zum Füllen. Vorsicht aber beim Sammeln, manche Sorten kann man mit dem giftigen Knollenblätterpilz verwechseln!

Zutaten für 4 Personen

600 g	*Schweine- oder Kalbfleisch (Oberschale) in feinen Streifen*
2 EL	*Mehl*
3 EL	*Öl*
	Salz
	Pfeffer
3 EL	*Butter*
1 kleine	*Zwiebel, gewürfelt*
125 ml	*trockener Weißwein*
200 g	*Champignons, in Scheiben geschnitten*
125 ml	*Brühe*
200 g	*Sahne*

Schritt für Schritt

Fleisch mit wenig Mehl bestäuben und gut unterarbeiten.

Butter in der Pfanne zerlassen, Zwiebel anschwitzen, mit dem Wein ablöschen und einkochen. Champignons kurz mitdünsten.

Fleisch portionsweise kurz in Öl anbraten, dabei gut rühren. Das Fleisch darf keine Farbe annehmen.

Brühe und Sahne dazugeben, einkochen und mit Salz und Pfeffer abschmecken.

Die einzelnen Portionen salzen, pfeffern und warm halten.

Fleisch in die Sauce geben und darin erwärmen.

GESCHNETZELTES
mit Weißwein, Champignons und Sahne

BEILAGEN
z u   G e s c h n e t z e l t e m

Wunderbar sind verschiedene Reisbeilagen oder Couscous zu Geschnetzeltem!

Couscous mit Gemüse

250 g Couscous in 1 El Butter andünsten. 375 ml Wasser oder Gemüsebrühe angießen, aufkochen und 15 Minuten quellen lassen. 1/2 Bund gehackte Frühlingszwiebeln, je 1 rote und gelbe Paprikaschote, gewürfelt, in Öl andünsten, unter den Couscous rühren. Mit Salz und Pfeffer würzen.

Djuvecreis

250 g Reis mit 500 ml Wasser 20 Minuten quellen lassen. 1 Lauchstange in Ringen, 1 durchgepresste Knoblauchzehe, je 1/2 rote, grüne und gelbe Paprikaschote in Öl andünsten. 4 gewürfelte Tomaten mitdünsten. Unter den Reis mischen, mit Salz, Pfeffer und Paprikapulver edelsüß würzen.

Pilawreis

1 gehackte Zwiebel in Öl andünsten. 250 g Reis mitdünsten. 500 ml Brühe auffüllen, auf dem Herd oder im Ofen bei 180 °C 20 Minuten garen. Gehackte Petersilie, fein gehackte Chili, Salz, Pfeffer und Butterflöckchen unterheben.

... mit Tomaten, Salatgurke und Linsen

Fleisch mit 4 gewürfelten Zwiebeln anbraten. Mit 3 EL Currypulver bestäuben, 2-3 Minuten schmoren lassen. 400 g ganze Dosentomaten mit dem Saft dazugeben, kurz aufköcheln. 500 ml Brühe hinzufügen, bei mittlerer Hitze zugedeckt 10 Minuten köcheln lassen. 250 g Linsen (Dose) erwärmen, zusammen mit 1/2 geraspelten Salatgurke und 1/2 Tl Sambal Oelek dazugeben.

... mit grünen Paprika und Chinakohl

Fleisch portionsweise kurz anbraten, salzen und herausnehmen. 2 in Streifen geschnittene grüne Paprika 2-3 Minuten anbraten, mit Sambal Oelek und Paprika würzen. 1 EL Tomatenmark kurz mitschmoren. 400 g in Streifen geschnittenen Chinakohl unterheben, mit 200 ml Asia-Fond ablöschen, bei mittlerer Hitze 15 Minuten schmoren. Mit 1/2 Bund gehacktem Kerbel servieren.

GESCHNETZELTES
in mehreren Variationen

Ähnlich wie beim Ragout wird auch Geschnetzeltes erst angebraten, bevor es in in einer Sauce gegart wird, die sämig eingekocht wird. Hier finden Sie einige beliebte Variationen, die Sie gerne nach Geschmack variieren können.

... mit Curry, Crème fraîche und Joghurt

Fleisch portionsweise kurz anbraten. 2 gewürfelte Zwiebeln zufügen und mitdünsten, pfeffern und salzen. Je 2 EL Mehl, Curry und Tomatenmark hinzufügen, kurz mitschwitzen. Mit 500 ml Brühe ablöschen und 15 Minuten köcheln lassen. 150 g Crème fraîche und 100 g Joghurt kurz miterhitzen.

... mit gemischten Pilzen, Mais und Gouda

Fleisch portionsweise anbraten, aus der Pfanne nehmen. 1 gewürfelte Zwiebel in der Pfanne dünsten, mit 2 EL Mehl bestäuben, etwas Brühe dazugeben und 10 Minuten köcheln. Fleisch, 150 g gemischte Pilze und 100 g Mais zufügen, 125 g Sahne einrühren, mit Salz, Pfeffer und Zitronensaft abschmecken. In einer Auflaufform mit 200 g Gouda bestreut bei 200 °C überbacken.

... mit Erbsen, Sellerie und Lauch

Fleisch portionsweise kurz anbraten. Mit Salz, Pfeffer, Paprika und 1 EL Worcestersauce würzen, 5 Minuten weiterbraten. 2 in Ringe geschnittene Lauchstangen und 1/2 in Stifte geschnittene Sellerieknolle anbraten, dazugeben. 200 g Erbsen, 250 ml Bier und 250 ml Brühe zu Fleisch und Gemüse geben, 5-10 Minuten köcheln lassen. 125 g saure Sahne unterrühren.

... mit Äpfeln, roten Zwiebeln und Honig

Fleisch portionsweise anbraten, herausnehmen. 1 gewürfelte rote Zwiebel in Butter in der Pfanne glasig anschwitzen. 2 gewürfelte Äpfel und 1 TL Honig dazugeben, hellbraun glasieren. 125 ml Weißwein, 250 ml Rinderfond und 125 ml Apfelsaft angießen, Fleisch wieder zugeben, 15 Minuten köcheln. 200 g Crème fraîche einrühren, mit Majoran würzen.

LAMMKEULE
mit Weißwein und Petersilie

Zutaten für 4 Personen

1	*Lammkeule (ca. 1,4 kg) mit Knochen*
2	*Rosmarinzweige*
3	*Knoblauchzehen, davon 1 durchgepresst*
	Salz
	Pfeffer
130 g	*Butter*
125 ml	*Weißwein*
500 ml	*Brühe*
1 TL	*Speisestärke*
2	*Eigelb*
1 Bund	*Petersilie*
3–4 EL	*Semmelbrösel*

Schritt für Schritt

Lammkeule von Haut und Fett befreien, Fleisch ablösen. Rosmarin und Knoblauchzehen hineinstecken. Salzen und pfeffern.

Eigelb, Petersilie, durchgepresste Knoblauchzehe und Semmelbrösel mit der Butter verrühren.

In einem Bräter in 5 EL Butter anbraten, dann im Ofen bei 80 - 100 °C ca. 5 Stunden braten oder bei 180 °C 1 Stunde.

Keule herausnehmen, Bratensatz mit Brühe ablöschen, passieren, mit Stärke binden. Mit der Petersilienbutter bestreichen.

Lammkeule hin und wieder mit Wein und Bratenfond begießen. Restliche Butter schaumig rühren.

Auf der zweiten Schiene von unten im Grill 8 Minuten grillen, dann im Grill 10 Minuten ruhen lassen.

ROSMARIN INFO

Lammfleisch und **Rosmarin** sind eine perfekte kulinarische Verbindung. Bevor er in der Küche Einzug hielt, wurde der Rosmarin zunächst in religiösen Kulten und für medizinische Zwecke eingesetzt. Dabei hat er auch in der Küche sehr viel zu bieten:

Er passt hervorragend zu Fleisch, besonders zu Lammfleisch, oder Kartoffeln. Rosmarin ist in der mediterranen Küche (vor allem in Italien und der Provence) ein wichtiges Gewürz.

KNOBLAUCH INFO

Knoblauch ein perfekter Partner für Lamm, Schaf und Hammel. Der Vampirschreck wird in der kalten und warmen Küche genutzt. Nimmt man Knoblauch zum Braten, darf er nicht gebräunt werden, denn dadurch

wird er schnell bitter. So gut Gerichte mit Knoblauch schmecken, so unangenehm werden von vielen die Ausdünstungen von Menschen empfunden, die Knoblauch gegessen haben. Als Gegenmittel werden mehr oder weniger wirksame Methoden empfohlen: Das Kauen von Kardamomsamen oder Petersilie oder das Trinken von Milch. In manchen Gegenden Österreichs wird Knoblauch übrigens auch als „Vanille des armen Mannes bzw. der armen Frau" bezeichnet. Der dort bekannte „Vanille-Rostbraten" wird also nicht mit Vanille, sondern mit Knoblauch gewürzt.

LAMMKEULEN
in mehreren Variationen

Lammfleisch ist im Mittelmeerraum sehr viel beliebter als in unseren Breitengraden - es macht gerade mal etwas mehr als ein Prozent am gesamten Fleischverbrauch in Deutschland aus. Vielleicht sorgen diese Rezepte dafür, dass es bei Ihnen häufiger auf den Tisch kommt.

... mit Rotwein, Kreuzkümmel und Zimt

3 Knoblauchzehen, 1 Zwiebel, Salz, Pfeffer, Zimt, 1/2 TL Kreuz-kümmel, 1/2 Bund Petersilie, Rosmarin, 1 EL Zitronensaft und 4 EL Olivenöl pürieren. Das Fleisch von der Keule ablösen, mit der Paste einreiben, eine Rolle formen und zusammenbinden. 4 Stunden marinieren. In einem Bräter anbraten, mit 125 ml Rot-wein 20 Minuten bei 200 °C, dann 40 Minuten bei 160 °C braten.

... mit Knoblauch und Sherry

6 geviertelte Knoblauchzehen unter die Haut schieben. Mit Salz, Pfeffer, Rosmarin und Öl bestreichen, 4 Stunden marinieren. Mit 6 EL zerlassener Butter übergossen bei 180 °C 1 Stunde braten. Immer wieder Brühe zugießen. Keule herausnehmen, Bratensatz mit Brühe ablösen, mit 2 EL Sherry einkochen, 2 EL Crème fraîche einrühren.

... mit Kidneybohnen, Tomaten und Mais

150 g Kidneybohnen und 50 g Mais kochen. Keule mit 4 in Stif-te geschnittenen Knoblauchzehen spicken. Je 1 EL Thymian, Rosmarin und Oregano mit 2 EL Olivenöl mischen, Keule damit einreiben, salzen und anbraten. 400 g Tomaten (Dose) und 250 ml Rotwein dazugeben. Zugedeckt ca. 1 Stunde schmoren. Bohnen und Mais dazugeben, salzen und pfeffern.

... mit grünem Paprika, Honig und Safran

Keule mit Salz einreiben. Je 2 fein gehackte Zwiebeln und grüne Paprika in etwas Öl anbraten. Lammkeule dazugeben, rundum anbraten. 5 g aufgelösten Safran, 1 EL Cognac, 200 ml Weißwein und 1/2 TL Paprika dazugeben. 10 Minuten garen, die Keule mit Wasser bedeckt 40 Minuten schmoren lassen. Kurz abkühlen, 80 g Honig und 125 ml Essig dazugeben, weitere 10 Min. garen.

SAUCEN
zu Lammkeulen

Wenn Sie eine Zubereitung mit wenig Sauce wählen, dann bereiten Sie noch eine Sauce dazu. Beliebt zum Lamm sind Minze und Rosmarin, daher hier zwei Vorschläge mit diesen Geschmacksrichtungen.

Pfefferminzsauce

Fein gehackte Minze mit Zucker und kochendem Wasser in einem hohen Gefäß ziehen lassen. Dann Essig und etwas Salz dazugeben. Passt gut zu Lammkeule mit Ingwer und Rosinen.

Rosmarin-Schalotten-Sauce

Schalottenwürfel mit 1 Rosmarinzweig in Butter anschwitzen. Mit Rotwein auffüllen, fast vollständig verkochen lassen. Mit Lammfond auffüllen, einkochen lassen. Mit eiskalter Butter in kleinen Stückchen binden. Passt gut zu Lammkeule mit Kidneybohnen und Mais sowie mit Paprika und Safran.

... mit Ingwer, Joghurt und Rosinen

Lammkeule einschneiden. 2 EL geriebenen Ingwer, Salz, 1 TL Koriander, 1 TL Kreuzkümmel, 1/2 TL Curry, 1/2 TL Cayennepfeffer, 3 Nelken, 1 TL Kardamon, 2 EL Zitronensaft und 150 g Joghurt verrühren, Keule auf Alufolie legen, Sauce mit 50 g Rosinen und 50 g gerösteten Mandelstiften darübergeben, Folie verschließen und 4 Stunden marinieren. Bei 160 °C in der Folie 2 Stunden garen.

... mit Limetten, Eiern und Kräutern

Keule ohne Knochen mit Saft und Schale von 1 Limette 2 Stunden in 1,5 l Brühe mit 1 Bund Suppengrün, 1 Knoblauchzehe, 2 Lorbeerblättern, 3 Thymianzweigen und 1 EL Pfeffer kochen, herausnehmen. 2 Knoblauchzehen, je 1/2 Bund Thymian, Basilikum und Petersilie, 75 ml Olivenöl und 50 ml Limettenbrühe pürieren. 2 gehackte gekochte Eier darunterrühren, salzen, pfeffern.

GEFLÜGEL

Huhn, Hähnchen, Broiler, Poularde, Ente, Truthahn und Gans: Geflügel ist überaus beliebt, sehr gesund und schmeckt lecker.

In jeder Form, ob knusprig gebraten, zart geschmort, im Ganzen gefüllt oder zerlegt, hat es eine Menge zu bieten.

Sie finden hier eine ausgesuchte Rezeptvielfalt von knusprigen Chicken Wings und Hähnchenschenkeln bis zu zarter Putenbrust.

Dazu gibt es viele Variationsmöglichkeiten, die dazu passenden Saucen und tolle Beilagen.

MARINADEN INFO

Marinieren oder **Beizen** ist das Einlegen von rohem Fleisch oder Fisch in eine würzende, oft auch saure Flüssigkeit, Marinade genannt. Die Methode bewirkt, dass Gewürze und Säure tief in die Speise eindringen. So wird sie aromatischer, gleichzeitig macht die Säure das Lebensmittel mürbe und dadurch zarter. Nach dem Marinieren schmort, brät oder grillt man Fleisch meistens, wogegen Fisch zum Teil auch ohne weitere Zubereitung verwendet wird (z. B. Graved Lachs).

Die Basis von Marinaden bilden meist saure Flüssigkeiten wie Essig, Wein, saure Sahne oder Buttermilch und Zitronensaft, ergänzt mit Kräutern und Gewürzen, Pflanzenöl, Zwiebeln und Knoblauch, süßen Zutaten wie Honig oder Zucker und vielem mehr - je nach Geschmack. Salz sollte nicht dabei sein, da es den Speisen Flüssigkeit entzieht und die Aromen schlechter ein-

ziehen. Zum **Marinieren** sollten die Fleisch- oder Fischstücke vollständig von der Flüssigkeit umgeben sein und das Gefäß möglichst luftdicht verschlossen werden: Man mariniert mehrere Stunden bis Tage. Kürzeres Marinieren ist bei Grillgerichten beliebt, weil die eingedrungenen Aromen vor der Hitze geschützt sind, während Gewürze auf der Oberfläche schnell verbrennen würden.

Zutaten für 4 Personen

8	*Hähnchenschenkel (à 125 g)*
1	*Knoblauchzehe, durchgepresst*
2 EL	*Öl*
2 EL	*Sojasauce*
1 TL	*Chilipulver*
	Pfeffer

Schritt für Schritt

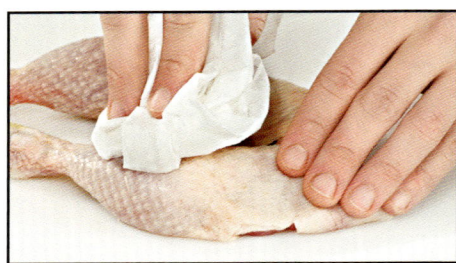

Hähnchenschenkel waschen und mit Küchenpapier trocken tupfen.

Hähnchenschenkel herausnehmen und auf den Grillrost im Backofen legen. Fettpfanne mit Wasser füllen und einschieben.

Knoblauch mit Öl, Sojasauce, Chilipulver und Pfeffer verrühren.

Hähnchen von beiden Seiten mindestens 10 Minuten grillen, dabei öfter mit Marinade bestreichen.

Hähnchenschenkel in der Marinade mindestens 1 Stunde ziehen lassen.

Hähnchen auf den Teller legen und mit Reis servieren.

HÄHNCHENSCHENKEL
mit Sojasauce-Knoblauch-Chili-Marinade

HÄHNCHENSCHENKEL
in mehreren Variationen

Bestreichen Sie das Grillgut während des Grillens hin und wieder mit der Marinade, damit es nicht austrocknet und möglichst viel vom köstlichen Aroma in das Fleisch eindringt. Hier haben Sie die Wahl zwischen sechs Geschmacksrichtungen.

... mit Ahornsirup-Chili-Balsamico-Marinade

Für die Marinade 1 fein gewürfelte Zwiebel glasig dünsten, mit 100 ml Ahornsirup, 50 ml Chilisauce, 25 ml weißem Balsamico, 25 ml Apfelessig und 1 TL Worcestersauce ablöschen. Hähnchenschenkel mindestens 3 Stunden im Kühlschrank marinieren.

... mit Honig-Senf-Marinade

Für die Marinade 175 ml Honig mit 6 EL körnigem Senf, 2 EL Weißweinessig und 3 EL Öl mischen, die Marinade über die Hähnchenschenkel geben. Abgedeckt mindestens 3 Stunden im Kühlschrank marinieren.

... mit Ketchup-Kreuzkümmel-Marinade

Für die Marinade 1 TL Senfpulver, 1 EL scharfes Paprikapulver, 1 EL gemahlenen Kreuzkümmel, 4 EL Tomatenketchup, 1 EL Zitronensaft und Salz mischen. Nach und nach 5 EL zerlassene Butter zufügen. Hähnchenschenkel mit der Marinade bestreichen, mindestens 3 Stunden im Kühlschrank ziehen lassen.

... mit Minz-Limetten-Kokos-Marinade

Für die Marinade 3 EL fein gehackte Minze, 4 EL Honig, 4 EL Limettensaft und 4 EL Kokosmilch mit Salz und Pfeffer in einer Schüssel mischen. Hähnchenschenkel in der Marinade wenden, mindestens 3 Stunden im Kühlschrank marinieren.

BEILAGEN
zu Hänchenschenkeln

Sie wollen kein Brot, sondern eine „richtige" Beilage dazu servieren? Mit diesen drei Vorschlägen haben Sie die Wahl.

Petersilienreis

Je Tasse Reis die doppelte Menge Salzwasser zugeben. Aufkochen und bei geringer Hitze ca. 15 Minuten ausquellen lassen. Einige Butterflöckchen und reichlich gehackte Petersilie unterrühren.

Mango-Gurken-Tatar

Fein gewürfelte Mango, fein gewürfelte Schlangengurke, in dünne Ringe geschnittene Frühlingszwiebeln vermischen. Mit fein gehacktem Koriander, Salz und Pfeffer vermengt abgedeckt 30 Minuten ziehen lassen.

Bulgur

250 g Bulgur in 375 ml kochendes Salzwasser rühren und bei geringer Hitze 20 Minuten quellen lassen. 25 g gehackte Haselnüsse, 1 fein gehackte rote Chilischote in 1 El Butter andünsten, mit Bulgur und 3 El gehackter Petersilie mischen. Mit Salz und Pfeffer abschmecken.

... mit Zitronen-Sesam-Ingwer-Marinade

Für die Marinade 4 EL Sojasauce, 6 EL Zitronensaft, 4 EL Honig, 4 EL Sesamöl, 4 durchgepresste Knoblauchzehen, 2 EL geriebenen Ingwer, 1 TL Chiliflocken, 3 EL Öl, Salz und Pfeffer verrühren. Abgedeckt mindestens 3 Stunden im Kühlschrank marinieren.

... mit Chili, Zwiebel und Rosmarin

Für die Marinade 3 El Öl mit Chilipulver, gehacktem Rosmarin und Thymian, Salz, Pfeffer und Paprikapulver mischen. Über die Hähnchenkeulen geben, 3 Stunden marinieren. Braten und mit geschmorten Zwiebelringen und gehackter Chili bestreuen.

HÄHNCHEN – COQ AU VIN
mit Rotwein und Frühlingszwiebeln

INFO

Das klassische **Coq au vin** benötigt folgende Zutaten: „Coq" heißt „Hahn" - Sie brauchen also einen Hahn – am besten einen einjährigen –, der etwa drei Kilo schwer sein sollte. Da diese nicht leicht zu bekommen sind, können Sie aber auf einen Kapaun, einen jungen kastrierten Hahn, zurückgreifen. Neben Wein sehen die klassischen Rezepte Spirituosen vor. Verwenden Sie auf keinen Fall einen minderwertigen Wein. Es sollte zur Zubereitung derselbe Wein verwendet werden, der auch zum Essen getrunken wird.

Zutaten für 4 Personen

50 g	Butter
100 g	Speck, fein gewürfelt
2	Zwiebeln, fein gewürfelt
1	Brathähnchen (1,2 kg), in 4 Stücke zerteilt
1 EL	Mehl
8	Frühlingszwiebeln, in Ringe geschnitten
500 ml	trockener Rotwein
4 EL	Cognac
1	Lorbeerblatt
1/2 TL	Thymian
1 Prise	Muskat
	Salz
	Pfeffer
150 g	Champignons

Schritt für Schritt

25 g Butter in einem Bräter zerlassen. Speck und Zwiebeln darin abraten, herausnehmen und beiseitestellen.

Hähnchenteile im Bräter anbraten, Mehl darüberstäuben. Zwiebeln wieder dazugeben, einige Minuten schmoren lassen.

Wein und Cognac angießen. Gewürze dazugeben, bei schwacher Hitze 30 Minuten schmoren lassen.

Geputzte und in Scheiben geschnittene Champignons in der restlichen Butter 10 Minuten dünsten.

Hähnchenteile aus dem Topf nehmen, Sauce in einen anderen Topf passieren, mit Pilzen, Zwiebeln und Speck erhitzen.

Beilage

Zum Coq au vin wird traditionell **Baguette** gegessen. Das französiche Stangenweißbrot, das frisch besonders knusprig schmeckt, wird zum Tunken benutzt. So geht kein bisschen von der köstlichen Sauce verloren. Haben Sie kein frisches Baguette zu Hause, können Sie auch eines vom Vortag im Ofen aufbacken. Älteres Brot ist sogar noch besser zum Auftunken der Sauce geeignet. Natürlich können Sie auch normales Weißbrot verwenden.

Beilage

Geben Sie zu den gegrillten Hähnchenschenkeln **Basmatireis mit Wildreis** gemischt. Dazu dünsten Sie 250 g Basmatireis und Wildreis zunächst in 3 EL Butter glasig, gießen mit der doppelten Menge Flüssigkeit auf (am besten eine Hühnerbrühe), salzen und lassen den Reis bei schwacher Hitze 20 bis 25 Minuten quellen. Dann ausdämpfen lassen und 2 EL Butterflöckchen darunterrühren.

BEILAGEN
zu Hähnchen

Reis oder Kartoffeln in verschiedenen Variationen passen gut zu Hähnchen. Hier drei Vorschläge:

Kartoffelpüree mit Olivenöl

800 g Pellkartoffeln schälen, noch heiß durch die Presse drücken. Mit 2-3 El warmem Olivenöl und Butter mischen, mit Salz und Muskat abschmecken.

Couscous

250 g Couscous mit etwa der doppelten Menge Gemüsebrühe und etwas Salz aufkochen. Wenige Minuten ausquellen lassen - fertig!

Petersilienkartoffeln

800 g Kartoffeln schälen und halbieren oder vierteln. In kochendem Salzwasser ca. 20 Minuten gar kochen. Nach den Kochen kurz im offenen Topf auf der abgeschalteten Herdplatte abdämpfen. Mit gehackter Petersilie bestreuen.

HÄHNCHEN
in mehrere

Lange Zeit war Geflügel, vor allem Huhn, ein relativ günstiger Fleischlieferant, denn es hat einen geringen Pflegebedarf. Bis heute ist Geflügel preisgünstig. Hier finden Sie vier Variationen für geschmorte Hähnchen, von zitronig-frisch über mild-exotisch bis mexikanisch-feurig. Natürlich können Sie die

... mit Zitronen, Kartoffeln und Zwiebeln

Hähnchenteile in den Bräter geben. Aus dem Saft von 5 Zitronen, Salz, Pfeffer, 125 ml Olivenöl eine Marinade rühren, 500 g kleine geschälte Kartoffeln und 500 g geviertelte Zwiebeln darin wenden und in den Bräter geben. Marinade darübergießen. 1 Stunde bei 200 °C im Backofen schmoren.

Salbei, Ingwer, 2 Knoblauch in Scheiben

... mit Suppengrün und Cidre

Hähnchenteile in 6 EL Olivenöl scharf anbraten. 1 halbierte Zwiebel zufügen, leicht bräunen lassen. 1 Packung TK-Suppengrün mit anbräunen. Mit 375 ml Cidre ablöschen und aufkochen lassen. Mit Brühe, Pfeffer und Tabasco abschmecken, Zugedeckt bei schwacher Hitze köcheln lassen. 1 Stunde schmoren, dabei alle 20 Minuten wenden.

Variationen

Rezepte auch mit anderen Geflügelarten zubereiten, beachten Sie dann die unterschiedlichen Garzeiten.

... mit Banane, Erbsen und Kokosmilch

Hähnchenteile 15 Minuten in 4 EL Öl im Bräter anbraten. Mit Curry bestäuben, herausnehmen. 200 g gewürfelte Möhren, 3 fein gewürfelte Zwiebeln, 2 gehackte Chilischoten darin rösten. 1 zerdrückte Banane, 150 g TK-Erbsen, 200 ml Kokosmilch, 250 ml Ananassaft und Hähnchenteile dazugeben und zugedeckt 45 Minuten schmoren.

... mit Schokolade, Chili und Paprika

Hähnchenteile salzen, pfeffern und in 4 El Öl anbraten. Herausnehmen, 1 gewürfelte Zwiebel darin glasig braten. Mit 1 EL Rotweinessig ablöschen. Je 1 gewürfelte grüne Paprika- und Chilischote mit 800 g Tomaten (Dose) darin aufkochen, 30 g geriebene Bitterschokolade einrühren, salzen, pfeffern, Hähnchen darin 30 Minuten schmoren.

SALATE
zu Hähnchen

Ganz einfache Salate passen gut zu den Hähnchen. Mehr als frisches Baguette brauchen Sie dann eigentlich nicht mehr dazu.

Schneller Tomatensalat

8 in Scheiben geschnittene Tomaten, 2 fein gehackte Frühlingszwiebeln, je 2 El Weißweinessig und Öl, Salz und Pfeffer mischen, mindestens 15 Minuten ziehen lassen. Vor dem Servieren die Sauce nochmals vorsichtig durchrühren.

Eissalat

Eissalatblätter in Stücke zupfen. Für eine Vinaigrette Öl, Essig, Zucker, Salz und Pfeffer mischen und unter den Salat heben.

Lollo Bionda

Olivenöl mit Balsamico, mittelscharfem Senf, Salz, Pfeffer, Zitronensaft und Chilipulver verrühren, mit gehacktem Thymian, Majoran und Basilikum abschmecken und über den Salat geben. Mit knusprigen Croûtons bestreuen.

GEFÜLLTES HÄHNCHEN
mit Brötchen und Ei

Zutaten für 4 Personen

1	Brathähnchen (ca. 1,2 kg)
	Salz
	Pfeffer
1	Brötchen vom Vortag, gewürfelt
1	Ei
	Muskat
50 ml	lauwarme Milch
2 EL	fein gehackte Zwiebeln
1 EL	Petersilie, gehackt
80 g	Butter
1/2	Zwiebel, grob geschnitten
1	Möhre, grob geschnitten
250 ml	Hühnerbrühe
1TL	Paprika edelsüß

Schritt für Schritt

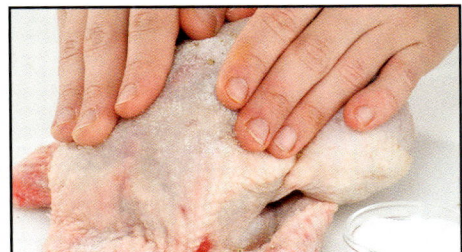

Hähnchen waschen, trocken tupfen, innen und außen mit Salz und Pfeffer einreiben. Brötchen in eine Schüssel geben.

Hähnchen mit Küchengarn dressieren (siehe Infoleiste rechts).

Die mit Ei, Salz, Pfeffer und Muskat verrührte Milch darübergeben Zwiebel mit Petersilie in 2 EL Butter andünsten.

Hähnchen in einem Bräter mit 6 EL zerlassener Butter begießen, Gemüse zugeben, bei 200 °C 30 Minuten braten.

Füllung nach 30 Minuten Ruhezeit in das Hähnchen geben.

Mit Butter und Paprika bestreichen und herausnehmen. Bratensatz mit Brühe loskochen, kurz einkochen, passieren.

GEFLÜGEL INFO

Zum Braten von ganzem **Geflügel** sollten Sie es möglichst dressieren, also zusammenbinden, damit es nicht austrocknet und in Form bleibt. Lassen Sie sich davon nicht abschrecken, es ist wirklich nicht schwierig!
So wird es gemacht:

Hähnchen auf den Rücken legen, Küchengarn unter dem Sterz des Hähnchens durchziehen,

oberhalb kreuzen und einmal um die Schenkel legen, dann wieder überkreuzen.

Fest ziehen, hinter die Schenkel führen, Hähnchen umdrehen.

Den Faden vorne um beide Flügel legen, dahinterschlingen und festziehen. Verknoten - fertig!

135

SAUCEN
z u   H ä h n c h e n

Jetzt noch eine leckere Sauce dazu, fertig ist ein ganz besonderes Gericht, das nicht alle Tage auf den Tisch kommt. Hier finden Sie zwei Vorschläge zu verschiedenen Variationen.

Weißwein-Ingwer-Zimt-Sauce

Zwiebelwürfel glasig dünsten, durchgepressten Knoblauch und Tomatenmark zufügen. Weißwein, Zitronenschale und geriebenen Ingwer, Zimt, Zucker und Salz zufügen, 5 Minuten köcheln, binden. Passt gut zu Brötchen-Ei-Füllung, zu Reis-Minze-Füllung und zu Maronen-Mandel-Füllung.

Speck-Honig-Balsamico-Sauce

Speck auslassen und knusprig anbraten. Honig und Balsamico zufügen. Kurz aufkochen lassen, sofort vom Herd nehmen. Passt gut zu allen Füllungen.

... mit Hackfleisch, Speck und Sahne

Für die Füllung 100 g Hackfleisch mit 20 g Speckwürfeln mischen. 1/2 Zwiebel und 1/2 Bund fein gehackte Petersilie in 2 EL Butter anschwitzen, mit 1/2 eingeweichten Brötchen, Salz, Pfeffer, Muskat, Rosmarin, 2 EL Sahne, 1 Ei und 1/2 durchgepressten Knoblauchzehe und dem Fleisch mischen.

... mit Spinat, Parmesan und Tomate

Für die Füllung 250 g gehackten TK-Spinat auftauen. In 2 EL Butter andünsten, mit Salz, Pfeffer und Muskat würzen, abkühlen lassen. Dann mit 1 Ei, 1 EL geriebenen Parmesan und 1 fein gewürfelten Tomate sowie 1 EL Semmelbrösel vermischen.

GEFÜLLTE HÄHNCHEN
in mehreren Variationen

Im Grunde können Sie fast alle Zutaten in das Geflügel füllen, vorausgesetzt sie harmonieren miteinander und mit dem Fleisch. Die hier aufgeführten Füllungen passen natürlich auch zu anderen Geflügelarten, Sie müssen nur die Mengen anpassen.

... mit Maronen und Mandeln

Für die Füllung 75 g geschälte und gekochte Maronen pürieren, mit 20 g gewürfeltem Speck, 1 Ei, 1 EL Mandelstifte, 1 EL Cognac, 1/2 gehackten Zwiebel, 1 EL gehackter Petersilie, 1 durchgepressten Knoblauchzehe, Salz, Pfeffer, Thymian, Rosmarin und 25 g Semmelbröseln mischen.

... mit Äpfeln, Beifuß und Cognac

Für die Füllung 400 g säuerliche Äpfel (z.B. Boskop) schälen, vierteln und das Kerngehäuse entfernen. Die Äpfel mit 1/2 gewürfelten Zwiebel, 1 TL Beifuß und 1 EL Cognac vermischen.

... mit Reis, Korinthen und Minze

Für die Füllung 75 g Langkornreis mit 30 g Korinthen 30 Min. in Wasser einweichen. 1 fein gewürfelte Zwiebel in 2 EL Butter anschwitzen, 30 g Pinienkerne dazugeben. Reis einrühren, glasig dünsten. 125 ml Wasser, 1/2 TL Zimt, 1 Msp. Piment und 1 TL Salz dazugeben. Zugedeckt 15 Minuten quellen lassen, dann je 1/2 Bund gehackte Petersilie und Minze unterrühren.

... mit roten Zwiebeln, Salbei und Leber

Für die Füllung die Hähnchenleber fein hacken und einige Minuten in 1 EL Butter braten. 400 g rote Zwiebeln 10 Minuten in Wasser köcheln lassen. Zwei Minuten vor Ende der Kochzeit 10 Salbeiblätter hinzufügen. Wasser abgießen, Zwiebeln und Salbei abkühlen lassen und sehr fein hacken. Mit Leber, 125 g Weißbrotbröseln, 4 EL Butter, 1 Ei, Salz und Pfeffer gut vermischen.

CHICKEN WINGS
frittiert mit Tabasco und Paprika

Zutaten für 4 Personen

1 kg	*Hähnchenflügel (Chicken Wings, ca. 16 Stück)*
500 ml	*Öl zum Frittieren*
3 EL	*Butter*
1 EL	*Zitronensaft*
2 EL	*Tabasco*
1 TL	*Paprika edelsüß*
1 Prise	*Chilipulver*

Schritt für Schritt

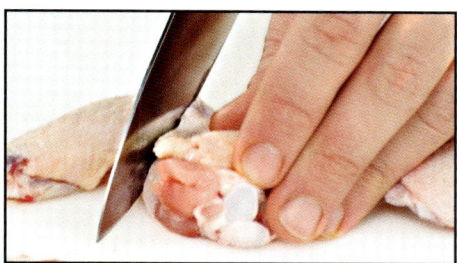

Chicken Wings waschen, in der Mitte durchtrennen.

Mit dem Schaumlöffel herausnehmen und auf Küchenpapier gut abtropfen lassen. In eine Schüssel geben.

500 ml Öl zum Frittieren in einer tiefen Pfanne erhitzen.

Butter zerlassen, Zitronensaft, Tabasco, Paprika- und Chilipulver damit verrühren.

Chicken Wings portionsweise 8-10 Minuten goldbraun frittieren, einmal wenden.

Die Sauce über die Hähnchenflügel in der Schüssel träufeln.

TABASCO INFO

Tabasco ist eine sehr scharfe Chilisauce auf Basis einer speziellen Chilisorte, die nur von der produzierenden Firma McIlhenny Co. gezüchtet wird. Der genaue Herstellungsprozess sowie die Rezeptur der Tabascosauce ist ein streng gehütetes Firmengeheimnis. Bekannt ist lediglich, dass die Sauce ausschließlich aus Essig, zerstoßenen, reifen Chilis und Salz ohne Zusatz von Konservierungsmitteln oder Farbstoffen hergestellt wird. Der besondere Geschmack entsteht durch den Fermentierungsprozess, den der Chilisud während seiner bis zu dreijährigen Lagerung in Eichenfässern durchläuft. Alle weltweit verkauften Tabascoflaschen werden auf Avery Island abgefüllt, es gibt keine Unterschiede in der verwendeten Rezeptur. Im Jahr 1920 legte ein heute noch gültiges Gerichtsurteil fest, dass McIlhenny Co. als einzige Firma Tabascosauce herstellen und sogar solche Saucen so nennen darf, die keine Chilis der Sorte „Tabasco" enthalten. Mittlerweile ist der Patentschutz auf die Herstellungsweise abgelaufen, daher dürfen andere Hersteller auf ähnliche Weise produzierte Saucen verkaufen. Diese werden zumeist mit dem Namen Louisiana Style gekennzeichnet und dürfen den Hinweis tragen, dass sie aus Tabasco-Chilis hergestellt sind.

DIPS
zu Chicken Wings

Erst in würziger Marinade eingelegt und gegrillt, dann mit einem Dip serviert: So sind die knusprigen Hähnchenflügel unwiderstehlich.

BBQ-Dip
Zwiebelwürfel in Öl glasig dünsten, 1 TL braunen Zucker darin karamellisieren. Mit 2 EL Apfelessig ablöschen, 250 g Tomaten (Dose) zugeben, einkochen. Mit Salz, Pfeffer und Tabaso würzen. Passt gut zu Chicken Wings mit Tabasco und Paprika und mit Fanta-Cola-Pfirsich-Marinade.

Frischkäse-Tabasco-Dip
200 g Frischkäse und 100 g Joghurt verrühren. Mit 2 EL Ketchup, Paprika edelsüß, Worchestersauce und Tabasco verrühren. Passt gut zu Chicken Wings mit Tabasco und Paprika und zu Chicken Wings mit Chili und Anis.

Basilikumdip
250 g saure Sahne und 2 EL Salatcreme verrühren, mit Salz und Pfeffer würzen. Gehacktes Basilikum unterrühren. Passt gut zu Chicken Wings mit Tabasco und Paprika sowie mit Limetten-Ingwer-Marinade.

CHICKEN WINGS
in mehrere

Man weiß nicht genau, wann die Chicken Wings als Gericht zum ersten Mal auftauchten. Dass es in den USA war, steht fest. Ob jedoch bereits zu Zeiten der Sklaverei oder erst später - als Resteverwertung in einer Bar in Buffalo – bleibt offen. Tatsache ist, dass köstlich marinierte, gegrillte oder frittierte Hähn-

... mit Honig-Ketchup-Ingwer-Marinade
5 EL Honig, 5 EL Tomatenketchup und 3 EL Sojasauce verrühren, je 1/2 TL Ingwer und Thymian dazugeben. Chicken Wings mit einem Teil der Marinade bestreichen und zugedeckt 1 Stunde im Kühlschrank marinieren. Bei 200 °C 20-30 Min. grillen, die Fettpfanne mit Wasser unter den Rost schieben. Flügel nach der halben Zeit (10-15 Min.) mit weiterer Marinade bestreichen.

... mit Chili, Sojasauce und Anis
1 Scheibe Ingwer in 2 EL Öl kurz anbraten. Chicken Wings dazugeben, anbraten, salzen und pfeffern. 2 grob zerkleinerte getrocknete Chilischoten kurz mitbraten. 1 EL Zucker dazugeben, aber nicht braun werden lassen. Mit 1 EL Sojasauce ablöschen und Chicken Wings halb mit Wasser bedecken. 1 Zimtstange und 1 Stück Sternanis hinzugeben, 30 Minuten köcheln.

ariationen

chenflügel schon lange keine „Reste" mehr darstellen, sondern ein beliebtes Fingerfood. Sie sind frisch oder als TK-Ware erhältlich, schnell gemacht und wunderbar knusprig. Hier finden Sie Rezepte für verschiedene Zubereitungsarten und dazu einige schmackhafte Dips.

... mit Knoblauch-Limetten-Orangen-Marinade

Eine Marinade aus 2 zerdrückten Knoblauchzehen, dem Saft von 2 Limetten und 1 Orange, 2 EL Chilipulver, 2 eingeweichten getrockneten und pürierten Chilischoten, 2 EL Öl, 1 TL Zucker, 1/4 TL Piment, Kreuzkümmel und Oregano mischen. Mindestens 3 Stunden marinieren, anschließend grillen.

... mit Fanta-Cola-Pfirsich-Marinade

1 fein gehackte Chilischote und 2 durchgepresste Knoblauchzehen mit 150 ml Fanta, 150 g Pfirsichkonfitüre, 5 EL Senf, 1 EL Sojasauce und 4 EL Cola mischen. Chicken Wings 1 Stunde darin marinieren, herausnehmen und mit Salz und Pfeffer würzen. 15 Minuten grillen, einmal wenden. Die Marinade erwärmen und mit 2 EL Schmand verfeinern.

DIPS
zu Chicken Wings

Lieber deftig-sahnig oder mild-sahnig mit viel Knoblauch – entscheiden Sie!

Joghurt-Quark-Dip mit Zwiebeln und Knoblauch

Je 100 g Joghurt, Quark und saure Sahne mit Salz und Pfeffer verrühren. Mit 2 sehr fein geschnittenen roten Zwiebeln und 1 durchgepressten Knoblauchzehe mischen. Passt zu Chicken Wings mit Tabasco und Paprika, mit Knoblauch-Limetten-Marinade und zu Chicken Wings mit Chili und Anis.

Kräuterfrischkäse-Sahne-Dip

250 g Kräuterfrischkäse mit 100 g Sahne verquirlen. Mit Pfeffer abschmecken. Passt gut zu allen Variationen.

Knoblauchdip

Knoblauchzehen 15 Minuten in Salzwasser kochen, herausnehmen und durch ein Sieb drücken. Bratensatz dazugeben, cremig rühren. Mit Salz und Pfeffer abschmecken. Passt gut zu Chicken Wings mit Tabasco und Paprika, mit Knoblauch-Limetten-Marinade sowie mit Fanta-Cola-Pfirsich-Marinade.

PUTENSCHNITZEL ÜBERBACKEN
mit Cherrytomaten und Mozzarella

Hähnchen !?!

INFO

Mozzarella, der weiße Käse italienischer Herkunft, ist heute weit verbreitet und wird an vielen Orten der Welt hergestellt. Meistens bekommt man Mozzarella aus Kuhmilch hergestellt, probieren Sie aber auch einmal Büffelmozzarella, der aromatischer ist. Seine Konsistenz erhält der Käse durch eine besondere Methode des Käsens, bei der der Käsebruch nach einer Ruhezeit mit heißem Wasser überbrüht und durch Kneten, Ziehen und Rühren zu einem formbaren Teig verarbeitet wird. Anschließend wird der Teig in Salzlake gelegt.

Zutaten für 4 Personen

4	Putenschnitzel (à ca. 150 g)
	Salz
	Pfeffer
150 g	Cherrytomaten, halbiert
125 g	Mozzarella, in 8 Scheiben geschnitten
3 EL	Öl
1/2	Bund Basilikum

Schritt für Schritt

Putenschnitzel waschen und mit Küchenpapier trocken tupfen. Mit Salz und Pfeffer einreiben.

Putenschnitzel in 3 EL Öl von jeder Seite etwa 5 Minuten anbraten.

Schnitzel in der Pfanne mit halbierten Cherrytomaten belegen, würzen, mit je 2 Mozzarellascheiben belegen, pfeffern.

Pfanne unter den Backofengrill schieben, 5 - 10 Minuten grillen oder den Käse bei geschlossenem Deckel schmelzen lassen.

Putenschnitzel mit Basilikumblättchen belegen und servieren.

Beilage

Als Beilage: **Knoblauchtoast**. Dafür 25 g Knoblauchbutter mit 25 g weicher Butter, 1/2 TL Salz, 1 kleinen gewürfelten Zwiebel, 1 durchgepressten Knoblauchzehe und etwas gehackter Petersilie zubereiten. 6 Stück Toastbrot leicht toasten, mit der Knoblauchbutter bestreichen, halbieren. Dann im Ofen ca. 10 Minuten überbacken.

Salat

Als Salatbeilage passt sehr gut ein knackiger **Eisbergsalat**. Mischen Sie dazu die in Stücke geschnittenen Blätter eines Kopfes Eisbergsalat mit 250 g Mandarinen (Dose). Für das Dressing 30 g Crème fraîche mit dem Saft 1 Zitrone, 4 EL Mandarinensaft aus der Dose, Salz und Pfeffer verrühren. Unter den Salat heben.

PUTENSCHNITZEL ÜBERBACKEN
in mehreren Variationen

Ob Cheddar, Parmesan, Emmentaler oder Ziegenkäse: In Kombination mit Putenschnitzel wird jeder Käse geadelt. Überbacken Sie die Schnitzel nicht zu kräftig, sondern lassen Sie den Käse nur ganz sanft goldbraun werden oder einfach nur zerfließen - so schmeckt er am besten.

... mit Pfirsich, Ziegengouda und Minze

Putenschnitzel mit chinesischer Gewürzmischung einreiben und braten. Auf ein Blech setzen und mit 400 g Pfirsichhälften und je 2 Scheiben Ziegengouda belegen. Bei 200 °C 15 - 20 Minuten überbacken, bis der Käse goldbraun ist. Mit den abgezupften Blättchen von 3 Minzezweigen belegen.

... mit Ananas, Preiselbeeren und Cheddar

Putenschnitzel in einer flachen Auflaufform mit einer Mischung aus 250 g Sahne, Salz und Pfeffer begießen. Auf jedes Schnitzel 1 Scheibe Ananas und 1 Scheibe Cheddar legen. Bei 200 °C 15 - 20 Minuten überbacken. Dann auf jedes Schnitzel 1 TL Preiselbeeren geben.

... mit Spinat und Emmentaler

Putenschnitzel salzen, pfeffern und in eine Auflaufform legen. 1 Packung Blattspinat auftauen, mit Salz und Muskat würzen und daraufgeben. 2 Eier mit 4 EL Frischkäse glatt rühren, auf dem Fleisch verteilen. 100 g geriebenen Emmentaler darüberstreuen, bei 200 °C 15 - 20 Minuten überbacken.

... mit gekochtem Schinken, Spargel und Gouda

Putenschnitzel anbraten, aus der Pfanne nehmen und mit je 1 Scheibe gekochten Schinken, 2 gekochten und in Stücke geschnittenen Spargelstangen und 1 Goudascheibe belegen. Bei 200 °C 15 - 20 Minuten überbacken.

SAUCEN
zu Putenschnitzel

Zu einfach nur in Öl oder Butterschmalz gebratener Putenbrust - ob im Ganzen, gewürfelt oder als Geschnetzeltes - passen Saucen in allen möglichen Geschmacksrichtungen. Hier ein paar Vorschläge von mild bis scharf.

Mango-Weinbrand-Sauce

250 g gezuckerte Mangos (Dose) zusammen mit dem Saft in einem Topf zerdrücken. 1 El Weinbrand und 1/2 TL geriebenen Ingwer zugeben, sämig einkochen, salzen und pfeffern. Passt gut zu Putenschnitzel mit Pfirsich und Minze, mit Ananas und Curry sowie mit Champignons und Parmesan.

Joghurt-Senf-Sauce

250 g Joghurt mit 1-2 EL mittelscharfem Senf und italienischen Kräutern glatt rühren, salzen und pfeffern. Passt gut zu Putenschnitzel mit Champignons und Parmesan, mit Spinat und Emmentaler sowie mit Tomaten und Frischkäse.

Fruchtige Currysauce

2 EL Butter mit 2 EL Mehl anschwitzen, etwas Wasser damit aufkochen, die Hälfte des Saftes von Je 100 g Dosenananas und -pfirsichen dazugeben, salzen, mit Curry verrühren. Gewürfeltes Dosenobst dazugeben. Passt gut zu Putenschnitzel mit Pfirsich und Minze, mit Ananas und Curry sowie mit Champignons und Parmesan.

... mit Champignons, Sherry und Parmesan

400 g Champignons in Scheiben in Butter andünsten, salzen. Schnitzel bei starker Hitze anbraten, Hitze reduzieren und 5 Min. braten. Bratenfond mit 4 EL Sherry lösen, 3 EL Butter dazugeben. Schnitzel in eine Form geben, mit den Champignons belegen, Bratenfond darübergeben, mit 4 EL geriebenem Parmesan bestreuen. Bei 200 °C 15-20 Minuten überbacken.

... mit Tomaten und Schnittlauch-Frischkäse

Putenschnitzel anbraten, in eine Auflaufform legen. 3 in Scheiben geschnittene Tomaten darauflegen. 150 g Frischkäse mit 1 in Röllchen geschnittenen Bund Schnittlauch und 1 Eigelb verrühren. Mit Salz und Pfeffer abschmecken, gleichmäßig auf die Tomaten streichen. Bei 200 °C 15-20 Minuten überbacken.

SOJASAUCE INFO

Sojasauce ist eine Mischung aus gerösteten und gemahlenen Sojabohnen, Weizenschrot, Wasser und Salz, die durch bestimmte Fermentierung und nach unterschiedlichen Zeitspannen zu Sojasauce werden.

Die traditionelle japanische Sojasauce ist ohne jede Zusatzstoffe, hell oder dunkel.

Ketjap Manis ist eine süßliche Sojasauce aus Indonesien.

Bestimmten dunklen Sojasaucen wird zusätzlich Melasse zugefügt, damit sie eine dunkle Farbe bekommen.

146

Zutaten für 4 Personen

5 EL	Öl
500 g	~~Putenbrust~~ *Hähnchenbrust*, in Streifen geschnitten
2	rote Paprika, in Streifen geschnitten
2	gelbe Paprika, in Streifen geschnitten
100 g	Sojabohnensprossen
~~5~~ *100 g*	~~Mangoldblätter~~, in Streifen geschnitten *o. Blattspinat*
4 EL	Sojasauce
2 EL	Weißweinessig
1 TL	Paprika edelsüß
6 EL	süße Sojasauce (Ketjap Manis)
1 TL	brauner Zucker
1 TL	Speisestärke
2 EL	Sesam

Schritt für Schritt

Öl in einem Wok oder einer Pfanne erhitzen, Fleisch rundherum darin anbraten, herausnehmen oder an den Rand schieben.

Sojasauce und Essig dazugeben, aufkochen lassen.

Paprikastreifen hineingeben, anbraten, ebenfalls herausnehmen oder an den Rand schieben.

Fleisch- und Paprikastreifen locker unterrühren.

Dann mit Sojabohnensprossen und Mangold ebenso verfahren.

Mit Salz, Paprika, süßer Sojasauce und Zucker würzen. Stärke damit verrühren, Sesam darüberstreuen.

PUTENBRUST
mit Sojabohnensprossen und Mangold

GEFLÜGEL

BEILAGEN
zu Putenbrust

Einfach köstlich sind diese würzigen Gemüsezubereitungen mit Paprika und Zwiebeln! Zur milden Putenbrust passen sie perfekt.

Peperonata

Dünne Zwiebelscheiben in Öl glasig dünsten, geviertelte bunte Paprika und Knoblauchscheiben darin anbraten. Mit Weißweinessig beträufelt kurz aufkochen. Mit Cayennepfeffer, Salz und Pfeffer würzen, geviertelte, gehäutete Tomaten und 2 El Rohrzucker dazugeben und in 20 Minuten nicht zu weich dünsten.

Letscho

In Streifen geschnittene Paprika mit in Ringe geschnittenen Zwiebeln in reichlich Öl oder Schweineschmalz 15 Minuten dünsten. Geschälte und enthäutete Tomaten dazugeben, mit Salz, Pfeffer, Paprika edelsüß und Zucker würzen und nochmals 15 Minuten dünsten.

PUTENBRUST
in mehrere

Putenfleisch ist wegen seiner guten Eigenschaften sehr beliebt: Das weiße Fleisch ist angenehm mild und damit für viele Zubereitungsarten geeignet. Es ist durch seinen geringen Fettgehalt sehr bekömmlich, hat viele lebenswichtige Vitamine und Mineralstoffe und eine ideale Eiweißzusammensetzung.

... mit Möhren, Sahne und Basilikum

Gewürfelte Putenbrust in 2 EL Öl goldbraun braten, würzen, herausnehmen. 500 g in Scheiben geschnittene Möhren, 2 in Ringe geschnittene Zwiebeln und 2 gepresste Knoblauchzehen 5 Minuten dünsten. Mit 500 ml Hühnerbrühe und 500 g Sahne kochen lassen. Fleisch zugeben, 15 Minuten schmoren. 1 Bund gehacktes Basilikum kurz vor Ende der Schmorzeit dazugeben.

... mit Orangen, Kiwi und Rosinen

Fleisch mit 1 gepressten Knoblauchzehe, Chili, Piment und Zimt einreiben, braun braten. Mit Wasser ablöschen, den Saft von 1 Orange, gemischt mit 1 TL Honig, 1/2 TL Piment, 1 TL Ingwerpulver und 1/2 TL Curry dazugeben. 1 gewürfelte Kiwi mit 50 g Rosinen schmoren, mit Saft von 3 Orangen ablöschen, mit Ingwer, Curry und Knoblauch würzen. Zur Sauce geben, reduzieren.

...ariationen

Ob in Streifen oder Würfel geschnitten, ob als Scheiben oder als ganzes Stück: Diese Rezeptbeispiele zeigen Ihnen ein paar der Zubereitungsmöglichkeiten, die das zarte weiße Fleisch der Putenbrust bietet.

BEILAGEN
zu Putenbrust

Wunderbar süß und dennoch deftig: Diese Zwiebelzubereitungen schmecken besonders gut zur Putenbrust - entweder als Püree zart mit Butter verfeinert oder als ganze Schalotten mit Zucker glasiert.

... mit Weißwein, Milch und Salbei

Putenbrust in einem Bräter in 2 EL Olivenöl kräftig anbraten. 12 in Streifen geschnittene Salbeiblätter, gehackte Nadeln von 3 Rosmarinzweigen und Blätter von 3 Thymianzweigen kurz mitbraten. Mit 200 ml Weißwein und 1 l Milch ablöschen. Ca. 1 Stunde bei 180 °C im Ofen garen, Fleisch zwischendurch wenden. Sauce mit dem Pürierstab sämig aufschlagen.

Zwiebelpüree

Weiße Gemüsezwiebelscheiben in Fleischbrühe weich kochen und pürieren. Sahne einrühren, aufkochen und mit Salz und Pfeffer würzen. Dann kalte Butter einrühren und servieren.

... mit Tomaten, Artischocken und Kapern

In Scheiben geschnittene Putenbrust anbraten, salzen und pfeffern. 4 gehäutete und in Scheiben geschnittene Tomaten, 250 g geachtelte Artischockenherzen (Dose) und 2 EL Kapern daraufgeben. 3 EL Zitronensaft mit 1 durchgepressten Knoblauchzehe und 3 EL Öl vermischen, auf dem Fleisch verteilen. Mit 100 g geriebenem Gouda bestreut bei 200 °C 25 Minuten überbacken.

Glasierte Schalotten

Geschälte Schalotten in heißer Butter und Zucker karamellisieren und mit Brühe aufgießen. Weich dünsten, bis die Flüssigkeit verdampft ist.

GEBRATENE ENTE
mit Orangen, Honig und Thymian

Zutaten für 4 Personen

1	*küchenfertige Ente (ca. 2,3 kg)*
	Salz
	Pfeffer
5	*Thymianstängel*
150 ml	*Orangensaft*
300 ml	*Hühnerbrühe*
1/2 TL	*Zimt*
1 EL	*Honig*
4	*Orangen, geschält, in Scheiben geschnitten*
2 TL	*Speisestärke*

Schritt für Schritt

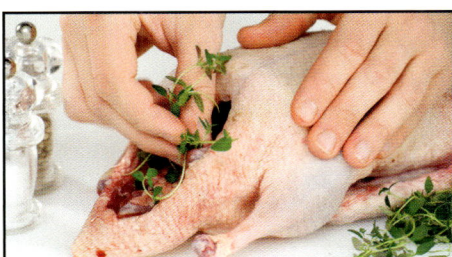

Ente waschen und trocken tupfen. Mit Salz und Pfeffer einreiben, den Thymian in die Ente füllen.

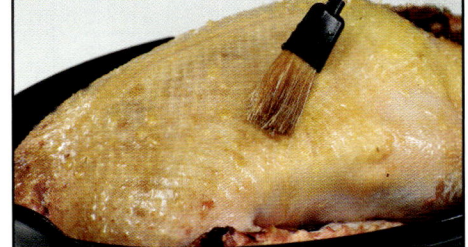

Honig mit 2 EL Bratenfond verrühren, Ente mehrmals damit bestreichen, in den letzten 15 Minuten nicht mehr.

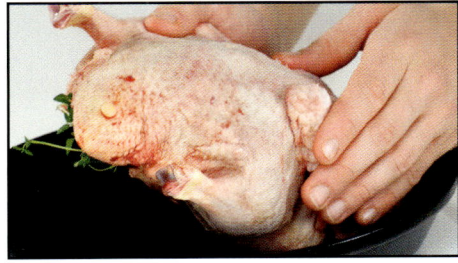

Ente mit der Brust nach unten in einen Bräter legen, bei 180 °C etwa 45 Minuten im Ofen braten.

Ente aus dem Bräter nehmen, Bratenfond mit Wasser loskochen. Mit angerührter Stärke lösen.

Ente umdrehen. Orangensaft, Hühnerbrühe und Zimt mischen, Ente damit begießen und weitere 45 Minuten braten.

Sauce aufkochen, Orangenscheiben hineinlegen und zur Ente servieren.

Küchentechnisch unterscheidet man grob zwischen Wild- und Hausenten. Daneben bilden die Flugenten eine eigene Kategorie, die zwischen **Ente** und Gans anzusiedeln ist.

Generell sind **Hausenten** etwas fetter als ihre wilden Verwandten. Weibliche Tiere sind saftiger und aromatischer als Erpel, die aber dafür einen würzigeren Geschmack mitbringen.

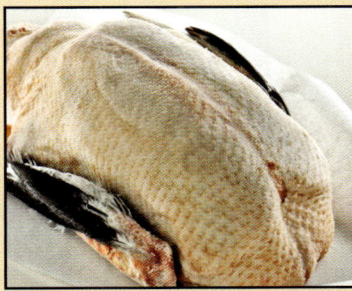

Wildenten sind meistens Stockenten. Ihr Fleisch ist dunkelrot, saftig und schmeckt aromatisch. Oft wird nur die Entenbrust verwendet. Die Ente kann aber auch gefüllt werden.

Flug- und Moschusenten sind fettärmer und haben besonders delikates Brustfleisch. Enten sollten nicht zu alt sein, denn schon ab einem Alter von einem Jahr beginnt das Fleisch, tranig zu schmecken. Junge, frische Wildenten erkennen Sie an den hellgrauen Füßen.

BEILAGEN
z u   E n t e

Ob gedünsteter Rosenkohl, sahniger Spitzkohl oder Sauerkraut mit Speck, - zum intensiven Geschmack von Entenfleisch passen alle Kohlsorten.

Rosenkohl

500 g Rosenkohl am Strunk kreuzweise einschneiden, in Öl andünsten, salzen und pfeffern. Mit 500 ml Brühe zugedeckt 10 Minuten weich dünsten. Mit Muskat abschmecken, mit Butterflöckchen verfeinern.

Spitzkohl in Sahnesauce

1 in Streifen geschnittenen Spitzkohl blanchieren. Zwiebelwürfel und durchgepressten Knoblauch andünsten, Mehl darin anschwitzen. Mit Brühe, Weißwein und Sahne aufgießen, mit Salz, Pfeffer und Muskat würzen. Einige Minuten garen. Mit Zitronensaft abschmecken.

Schlesisches Sauerkraut

500 g Sauerkraut mit Wasser aufkochen, zugedeckt 20 Minuten köcheln. Dann in einem Sieb abtropfen lassen und gut ausdrücken. 100 g Speck- und Zwiebelwürfel glasig braten, Sauerkaut weitere 20 Minuten darin schmoren.

... mit Äpfeln, Rosmarin und Korinthen

Ente mit Salz und Pfeffer einreiben. 2 Äpfel schälen, in Spalten schneiden, Kerngehäuse entfernen und Äpfel zusammen mit 1 Rosmarinzweig und 30 g Korinthen in die Ente füllen, mit Zahnstochern verschließen. In einem Bräter nach 15 Minuten Bratzeit 500 ml Brühe angießen, mehmals wenden, begießen.

... mit Quitten, Speck und Weißwein

Ente mit Salz, Pfeffer und Majoran einreiben, Brust und Keulen mit 100 g fein geschnittenem Räucherspeck belegen. 2 geachtelte geschälte Quitten in die Ente füllen, mit einem Zahnstocher verschließen. Mit 50 g heißem Gänseschmalz übergießen, braten. 4 Quitten schälen, achteln, mit 100 ml Weißwein, Nelken, Zimt und 2 EL Zucker gar dünsten, um die Ente verteilen.

GEBRATENE ENTE
in mehreren Variationen

Jedes dieser Gerichte verdient einen festlichen Anlass, zu dem es serviert werden sollte. Entscheiden Sie selbst, welche Variation Ihnen wann am liebsten ist. Genauso können Sie natürlich auch anderes Geflügel, wie z. B. Gans zubereiten.

... mit Rotwein und Schalotten

Ente mit Salz und Pfeffer einreiben und in einem Bräter anbraten. Aus dem Bräter nehmen, 250 g Schalotten darin anbraten, herausnehmen. 10 Wacholderbeeren mit 2 EL Tomatenmark darin anrösten, mit 250 ml Rotwein und 500 ml Hühnerbrühe ablöschen. Schalotten und Ente dazugeben, braten. Sauce entfetten, abschmecken und evtl. binden.

... mit Avocado, Banane und roten Zwiebeln

Ente mit Salz, Pfeffer und Paprika einreiben. 3 pürierte Bananen, 2 pürierte weiche Avocados und 3 fein gehackte rote Zwiebeln mit Salz und Pfeffer mischen, in die Ente füllen, mit einem Zahnstocher schließen. Im Bräter anbraten, im Ofen fertig braten. Bratensatz mit 2 EL Tomatenmark, 1 EL Zitronensaft und 1 EL Cognac lösen, sämig einkochen, salzen und pfeffern.

... mit Ingwer, Lauch und Frühlingszwiebeln

Ente mit Salz und Pfeffer einreiben. 3 TL geriebenen Ingwer und den sehr fein gewürfelten weißen Teil von 1 Lauchstange in die Ente füllen. 3 EL Honig mit 1 EL Essig verrühren, Ente damit bestreichen. Im Bräter braten, immer wieder mit der Honigmischung einpinseln. Mit 2 sehr fein geschnittenen und in 2 El Butter gedüsteten Lauchstangen servieren.

... mit Mett, Trockenobst und Zwiebeln

250 g in Apfelsaft eingeweichtes Trockenobst würfeln, mit 400 g Mett, je 1 gewürfelten Zwiebel und Apfel sowie 2 EL Senf mischen, in die Ente füllen. Je 1 Apfel und 1 rote Zwiebel in Spalten mit der Ente in die Pfanne legen, verschließen. 750 ml Entenfond angießen, Ente braten. Mit 5 EL Butter, 5 EL Honig bestreichen, grillen. Sauce mit Sahne und Orangensaft abschmecken.

GEFÜLLTE GANS
mit Maronen und Äpfeln

INFO

Gänseschmalz ist das erkaltete Fett der Gans, das beim Braten herabtropft. Es kann sehr gut zum Braten von Fleisch und Gemüse weiterverwendet werden. Da es ungesättigte Fettsäuren enthält, ist es in seiner gesundheitsfördernden Wirkung mit dem Olivenöl vergleichbar. Außerdem schmeckt es sehr aromatisch. Mit gedünsteten Apfel- und Zwiebelstücken wird daraus ein feiner Brotaufstrich.

Zutaten für 4 Personen

2	Möhren
2	Äpfel
3 EL	Öl
300 g	Maronen, geschält und gegart
1/2 Bund	Thymian, gehackt
1/2 Bund	Majoran, gehackt
1	Gans, küchenfertig, ca. 4 kg
	Salz
	Pfeffer
100 g	Zucker
100 g	Butter

Schritt für Schritt

Für die Füllung Möhren schälen, Äpfel schälen, entkernen. Beides in Würfel schneiden.

2 EL Öl erhitzen, Möhren und Äpfel darin andünsten. Halbierte Maronen und Kräuter zugeben.

Gans innen und außen salzen und pfeffern. Füllung in die Bauchhöhle geben.

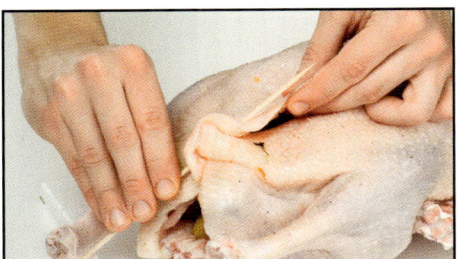

Die Bauchhöhle der Gans mit einem Holzstäbchen fest verschließen.

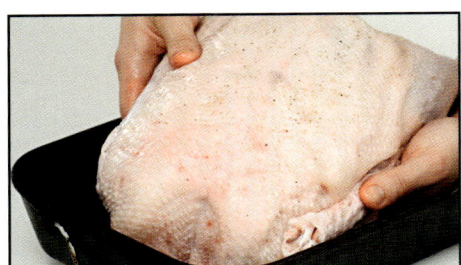

Gans in einen Bräter legen. Mit 1 EL Öl bepinseln und im Ofen bei 180 °C etwa 2 1/2 Stunden backen.

Beilage

Eine köstliche Beilage zur gefüllten Gans sind **Herzoginkartoffeln**. Dazu werden 800 g etwa gleich große mehligkochende Kartoffeln in der Schale gegart, gepellt und durch die Presse gedrückt. Das Kartoffelpüree mit 100 g Butter, 4 Eigelb, Salz, Pfeffer und geriebenem Muskat verrühren. Anschließend in einen Spritzbeutel geben und damit Häufchen auf ein gefettetes Backblech spritzen. Mit verquirltem Eigelb bepinseln und bei 220 °C 10 Minuten backen, bis die Herzoginkartoffeln eine goldbraune Färbung haben.

Beilage

Dazu passt außerdem selbst gemachter **Rotkohl**: 750 g Rotkohl waschen, harten Strunk herausschneiden, Kohl in feine Streifen hobeln. 2 Äpfel schälen, entkernen und fein würfeln. 1 Zwiebel schälen und hacken. In 2 EL erhitztem Gänseschmalz glasig schmoren. Rotkohl und Äpfel zugeben und andünsten. 1/2 Lorbeerblatt, 2 Wacholderbeeren, 1 Gewürznelke, 2 Pfefferkörner, 2 EL Zucker zugeben, 100 ml Rotwein und 1 EL Rotweinessig einrühren und alles 45 Minuten köcheln.

GEFLÜGEL

SAUCEN
z u   G a n s

Zur knusprigen Gans mit Knödeln braucht man Sauce. Probieren Sie neben der klassischen Bratensauce eine der drei folgenden.

Rosmarinsauce

Den entfetteten Bratensaft der Gans mit Wasser oder Rotwein loskochen. Mit gewürfelter geschmorter Zwiebel und gehacktem Rosmarin mischen. Mit Honig abschmecken. Etwas einkochen.

Senfsauce

Den entfetteten Bratensaft der Gans mit Wasser oder Weißwein loskochen. Mit Senf würzig abschmecken und mit Sahne einkochen.

Trockenobstsauce

Den entfetteten Bratensaft der Gans mit Apfelwein loskochen. Klein geschnittenes Trockenobst (Äpfel, Aprikosen, Pflaumen) 10 Minuten darin köcheln.

GEFÜLLTE GANS
i n   m e h r e r e

Gänse haben das fetteste Fleisch aller Geflügelsorten. Doch viel davon tropft beim Braten im Ofen in den Bräter und kann als Gänseschmalz weiterverwertet werden. Wegzudenken ist der Gänsebraten deshalb nicht von unserem Speiseplan. Denn mit einer knusprigen Haut und leckeren Füllungen wie Apfel-Sellerie,

... mit Apfel-Sellerie-Füllung

125 g gewürfelten Bauchspeck in der Pfanne knusprig ausbraten, herausnehmen. 1 gewürfelter Stangensellerie, 2 gehackte Zwiebeln und 3 El gehackte Petersilie im Fett andünsten. Herausnehmen. 5 geschälte und gewürfelte Äpfel im Fett mit 3 El Zucker weich dünsten. Mit Gemüse, Speck und 100 g Semmelbrösel mischen, salzen.

... mit Sauerkraut-Speck-Füllung

125 g gewürfelten Schinkenspeck mit 500 g Sauerkraut aus der Dose, 2 geschälten und gewürfelten Äpfeln, 8 Wacholderbeeren mischen und in die Gans füllen. 4 Wacholderbeeren zerstoßen, in 60 ml Gin einlegen und die Gans vor dem Braten damit einpinseln.

a r i a t i o n e n

Kartoffel-Grünkohl, Sauerkraut-Speck oder einer Semmelknödelfüllung entschädigt er um ein Viel faches für ein paar Kalorien zu viel.

BEILAGEN
z u   G a n s

Hier zeigen wir Ihnen die Zubereitung von Kartoffelknödeln mit Kräutern oder mit Speck und von Leberknödeln.

Kartoffel-Kräuter-Knödel

1 kg Kartoffeln in der Schale garen, abgießen, pellen, durch die Presse drücken, mit 150 g Mehl, 2 Eiern, 5 EL gemischten, gehackten Kräutern vermengen. Klöße formen, in kochendem Salzwasser etwa 20 Minuten ziehen lassen.

... mit Kartoffel-Grünkohl-Füllung

100 g gewürfelten Speck in 2 EL Öl braten, herausnehmen. 350 g geschälte und gewürfelte Kartoffeln, 2 gehackte Zwiebeln und 300 g Grünkohl in Streifen im Fett 20 Minuten weich dünsten. Speck unterheben, mit Salz, Pfeffer abschmecken.

Leberknödel

1 kg Kartoffeln in der Schale garen, abgießen, pellen, durch die Presse drücken, mit 150 g Semmelbröseln und 100 g pürierter Rinderleber mischen. Klöße zubereiten.

... mit Semmelknödelfüllung

500 g altbackenes Weißbrot würfeln, in 125 g Butter goldbraun rösten, herausnehmen. Brotwürfel mit etwa 300 g erwärmter Sahne, 5 Eiern, 1 Bund gehackter glatter Petersilie und 100 g gemahlenen Nüssen mischen, mit Salz und Pfeffer abschmecken. In die Gans füllen.

Speckknödel

1 kg Kartoffeln in der Schale weich garen, abgießen, pellen, durch die Presse drücken und mit 150 g Mehl, 2 Eiern und 125 g fein gehacktem gebratenem Speck mischen. Knödel zubereiten, wie oben beschrieben.

Rezeptverzeichnis

Rezeptverzeichnis

Rezeptverzeichnis